KB146422

MY
JOB
나의 직업

CONTENTS

Part One

History

Part Two

Who & What

Part Three

Get a Job

Part Four

Reference

Part One

History

국가와 군대의 등장

　우리나라에서 군대는 사회적으로 큰 의미를 지니고 있다.
여전히 전쟁 중이며 잠시간의 휴전기를 맞고 있는 국가적 상황도
그러하지만 그로 인해 모든 남자들은 군대를 가야 하는 의무를
지니고 있다는 점에서도 그러하다. 우리 사회 내에서 '군대'라는
단어가 갖는 의미는 생각보다 큰 것이다.

　그런데 군대는 어떻게 발생된 것일까. 정부에게 있어서 군대란
나라의 안보를 위해 만들어진 국가의 한 기관이라고 할 수 있을
것이다. 군대를 이해하기 위해서는 국가의 등장을 이해할 필요가
있다. 국가는 인류 사회의 발전 과정 속에서 나타난 것이며 이를
이해하기 위해서는 국가라 부를 수 있는 사회의 이전 단계를
생각해 보아야 할 것이다.

국가 이전의 사회가 가지는 특징 두 가지는 그 사회가 혈연 중심의 씨족 집단이었다는 것과 권력이 그 집단 내에서 발생된다는 것이다. 여기서 중요한 것은 권력의 등장이다. 사회가 혈연 중심이었다는 것은 사회학 학자들이 밝혀내는 데 어려움이 없었으나 권력 발생의 근간을 찾는 데는 더욱 많은 노력이 필요하였다.

쉽게 말해 '국가'라고 부를 수 있는 사회의 기준은 혈연을 중심으로 했던 거주 형태가 사라지는 것과 합법적인 권력의 등장이다. 그 전에는 씨족이나 종족 내의 무력이 사회의 권력이 되었지만 국가 단계의 사회 내에서는 법이 만들어지게 되었고 그것이 지배자가 갖는 권력의 바탕이 되어주었다. 법이 출현한 사회부터가 국가가 되는 셈이다.

이러한 국가의 개념은 지속적으로 학계에서 유지되었으나 1980년에 이의가 제기되었다.

그리스와 같은 서양의 고대국가에는 위의 두 가지 조건이 모두 합당하지만 농업을 중심으로 한 동양의 나라들은 법이 출현한 사회라는 조건에만 적용되기 때문이었다. 우리나라나 중국 같은 농업사회에서는 고조선과 같은 국가가 출현한 이후에도 거주 형태가 씨족 마을 형태의 혈연 중심이었다. 서양의 고대 사회를 중심으로 한 연구가 이루어져 온 것이 문제였다. 서양 학자들에게 동양 사회의 연구가 부족했기 때문에 그러한 결과가 만들어진 것이다.

이를 바탕으로 발견하게 된 서양과 동양의 국가 탄생에 관련된 법칙의 한 가지 공통점은 결국 '법이 만들어지고 그것이 근간이 되어 권력이 유지 된다'는 것이다.

즉 법의 등장이 국가의 특성을 말한다고 하겠다.

농기구의 발달은 구석기 시대와 신석기 시대를 거쳐 청동기 시대로 접어들게 되었다. 청동기의 발달은 농업 생산력을 높였을 뿐만 아니라 그로 인한 사회적 분업이 이루어지게 만들었다. 공동체의 모습은 그 전과 달리 모두가 같이 일하고 똑같이 분배하는 것이 아니라, 지배층과 피 지배층으로 나누어 부와 권력을 지닌 지배자가 나머지를 통치하는 방향으로 변모하게 되었다.

지배층은 노예를 만들어 다스렸으며 관료 조직 뿐만 아니라 감옥과 군대를 갖춘 국가를 만들어내었다. 국가 권력의 기준이 되는 법률 역시 발생되었다. 고대 국가는 합법적으로 무력을 가진 지배층이 자신들의 이익을 도모하는 집단이었다.

씨족 사회 내에서도 잉여 재산은 존재하였기 때문에 서로가 침략하여 재산을 뺏는 과정이

있었다. 그 당시 전쟁을 위해 목숨을 걸고 싸워야 하는 사람들은 자신의 재산과 가족을 지키기 위함이었을 것이다. 고대의 사회상을 알려주는 법률의 대부분이 생명과 사유재산에 대한 보호를 중심으로 하고 있으며 전쟁을 위해 병사들이 모였을 때에도 이러한 목적을 위해 꾸려졌을 것이라 예상할 수 있기 때문이다.

역사는 전쟁의 기록이라고 할 수 있을 만큼 많은 전쟁들이 벌어졌다. 전쟁의 승패는 한 국가를 사라지게 만듦과 동시에 새로운 국가의 탄생을 알리기도 하였다. 한 나라가 지도에서 사라지게 되면 그 문화 역시 멸망되었으며 이는 지금 우리가 살고 있는 세계의 예술 작품이나 문학 작품 속에서 그 기록들을 발견할 수 있다.

즉, 군대는 실제 사유재산과 자국민들의 생명을 보호하기 위해 세워졌으나 지배자들의 욕망에 의해 영토를 확장하거나 지배층들을

두텁게 만드는 데에 이용되기도 하였다.

우리나라의 국사나 세계사에서 공통적으로 발견할 수 있는 것 은 나라에 세금을 내는 방식 중 하나로 남성들이 전쟁에 참여해야만 했다는 것이다.

서양 중세시대의 봉건제도로 기사가 자신의 영주를 위해 전쟁에 나서는 것이나 삼국시대부터 조선시대에 이르기까지 조세제도 중 군역을 가는 것이 그러하다. 조선시대에는 군대에 가는 대신에 군포를 내기도 하였는데 이로 인한 폐단이 심각하였다. 나라의 통치자를 위해 만들어진 군대의 모습은 역사 안에서 아주 오랫동안 자리 잡고 있었다.

씨족사회에는 다른 씨족의 공격이 있을 때 생존을 위해 자발적으로 대항해야 했다. 이는 씨족의 안녕을 위한 의무이자 책임이었다. 그러나 사회가 발전하면서 보다 조직적이고 체계적인 군사조직이 필요하게 되었다.

현대 국가에서는 영토와 주권을 지키기 위한 군사력이 필수로 여겨지고 있으며 각 나라에 맞는 군사훈련과 그에 관련된 제도가 이루어지고 있다.

군대의 발전 과정

　오늘날과 같은 군인의 이미지를 갖게 된 것은 산업혁명 이후
부터이다. 증기기관과 철도, 전신 등의 등장은 국민군대라는 거대
조직을 탄생시켰으며 전술 또한 획기적인 변화를 가져왔다. 이는
독일의 통일 전쟁에서 산업혁명의 기술적 진보가 군사적으로
활용되는 것을 눈으로 확인할 수 있다. 많은 수의 군인을 정확한
시간에 옮기는 데에 열차가 사용되었을 뿐만 아니라 전쟁의 가장
기본이 되는 물자들도 수송하는 데에 도움을 주게 되었다. 전
지역에 펼쳐져 있는 열차 선로를 따라 빠른 이동이 가능하게 되자
군대는 군의 편성을 더욱 확실하게 하였다. 수십만의 현역과
예비군이 연대로 편성되고, 편성된 연대는 사단으로 또 군단으로
조직화되었다. 모든 부대는 무기를 소지하게 되었으며 전투
부대는 행군으로 이동하여 대기하고 있는 열차에 몸을 실었다. 그
열차는 국경 부근에 이들을 하차하게 만들었다.
　전신은 철도 수송과 발을 맞추어 멀리에서도 부대의 이동과
집결을 통제하게끔 돕는 일을 하였다. 그런데 이상한 것은 다른
나라 역시 이러한 열차를 보유하고 있었으며 철로를 가지고
있었지만 독일의 전투력을 따라갈 수 없었다는 것이다. 나중에
알고 보니 그 차이는 바로 시스템에 있었다. 정확한 시간에
기차를 도착하게 하고 짐을 내리며 정해진 시간에 다시 기차가
출발하게끔 하는 일은 철저한 계산 아래에 가능한 것이었다.
독일은 전투를 이끄는 지휘관들을 동일한 학교에서
교육시켰으며 같은 과정 아래에서 똑같은 군사적 원리를 배웠던
탓에 전쟁 시 각자 다른 지역에서 전투를 하더라도 같은 똑같은
방법으로 결정을 내릴 수 있었다. 합리적이면서도 신속하고 또
텔레파시라도 통하는 듯한 지휘관들의 동일한 판단은 군사를
통솔하고 전쟁을 승리로 이끄는 데 있어서 견인차와 같은 역할을
했다.
　이후, 독일이 보여주었던 이러한 전쟁 방법은 모든 유럽
국가들이 채택하게 되었다. 그래서 강대국들은 철도망 체계를

구축하는 데에 많은 시간과 예산을 투자하였으며 지속적인 예행연습을 거듭하였다. 그들은 다른 나라의 침략을 방어하기 위해 24시간으로 철로를 지켜야만 했으며 이러한 경계 태세는 오히려 일촉즉발의 전쟁을 부추기는 것처럼 보이기도 하였다. 다른 나라에서 철도를 움직이고 군인을 옮기는 듯한 움직임을 보이면 여기에 대응해야만 했기 때문이다. 왜냐하면 순식간에 대규모 병력의 침입이 가능했기 때문이다. 이와 같이 철도와 전신의 발달은 유럽 각국의 대규모 군사들의 움직임을 체계화 시켰다.

산업혁명은 이 뿐만 아니라 다른 방식으로도 군대를 현대화시켰다. 산업혁명으로 인한 기술과 과학의 발달은 의료 기술의 발전을 가져왔고, 이는 유럽 인구를 증가 시켰다. 1870년에서 1900년 사이에 유럽의 인구는 10년에 10퍼센트씩 증가하였다. 이러한 인구 증가와 산업기술의 발달은 군수 산업의 발전에 영향을 미치게 되었으며 나라 간의 무기경쟁은 가속화 되었다. 철도 건설과 군사력 경쟁이 지속되었고 독일식 의무병역제도가 일반적으로 채택되었다.

무기 기술의 발달로 기관총이 등장하였는데 기관총은 1차 세계대전 당시 많은 병사들을 살상하였다. 또한 이와 더불어 다양한 신무기들이 개발되었는데 이전과는 비교할 수 없는 화력의 대포들도 개발되었다.

산업혁명 이후 기술의 발달은 철도망 수송과 연계한 국가 총동원의 전쟁을 가능하게 만들었으며 국가의 전쟁계획 또한 더욱 정밀해질 수 있게끔 하였다. 이후 전쟁의 규모는 상상할 수 없을 만큼 거대화 되었다.

〈전쟁과 무기의 역사〉

전쟁과 군인의 역사는 무기의 역사라고 해도 과언이 아니다. 전쟁의 성격과 사용된 무기를 기준으로 할 때 4가지의 시기로 구분할 수 있는데 그 첫째는 원시시대부터 화약이 발명될 때까지이다. 이 시대의 전투는 실지 전쟁을 치루는 사람들의 몸이 중심이었으며 무기는 이를 보완하는 데에 그쳤다. 칼과 창, 도끼 등은 근거리 전투의 공격무기였으며 원거리용으로는 투창과 활이 있었다. 상대방의 공격을 막기 위해서는 투구와 방패를 이용하였다.

두 번째 시기는 화약의 발명 후 19세기 말까지였다. 화약이 발명되며 이를 바탕으로 총포류가 개발되었다. 14세기부터 15세기에 걸친 백년전쟁에서는 총포를 무기로 사용하기 시작하였다. 이후 지상전투 무기의 지속적인 개발로 19세기에는 근대식 총포가 완성되었고, 해상 함정에서도 이러한 총포가 사용되었다.

세 번째 시기는 1차 세계대전에서 2차 세계대전의 말기까지로 볼 수 있다. 두 차례의 세계대전은 기존의 전쟁과 전혀 다른 성격을 지니고 있었으며 전쟁의 범위도 전 세계로 확대되었고 그로 인해 무기의 발달도 급진적이었다. 1차 세계대전에서 처음으로 비행기와 비행선이 전쟁의 무기로 사용되었고 독가스를 이용한 화학무기, 잠수함 등이 등장했다.

1차 대전이 끝나자 정밀기계, 제강 등의 공업기술이 크게 발전하였으며 이는 새로운 무기 개발로 이어졌다. 대함거포, 기관총, 무선장비 등이 발달하였는데 이로 인하여 2차

▲ 제1차 세계대전 당시 머신 건(Machine-Gun)을 사용하는 군인.

세계대전에서는 레이더, 소나 등과 같은 전자무기와 미사일이
등장했다.

마지막의 네 번째 시기는 2차 대전 말의 원자폭탄부터
지금까지이다. 전략무기가 출현하고 항공기가 급진적으로
발달되었다. 특히 핵무기는 핵분열방식에서 핵융합방식으로
변모하면서 엄청난 위력을 가지게 되었다. 또 미사일이 발달되어
서로 간의 미사일을 요격할 수 있는 데 까지 이르렀다. 항공기
역시 초음속으로 비행하게 되었으며 새로운 무기들을 탑재하여
공격이 가능하게 되었다. 전자전과 동시에 인공위성을 활용한
우주전쟁의 시대가 열리고 있는 것이다.

〈대한민국 육군의 설립과 역사〉

　대한민국 군대는 해방 이후 설립되었다. 일제 강점기가 끝나고
미군이 한국에 머물면서 1946년에 남조선 국방경비대가
창설되었다. 그 후 1948년 대한민국의 정부 수립과 함께
국방경비대는 육군으로 바뀌었으며 한국 전쟁이 시작될 때에는
8개 사단 규모로 조직되어 있었다.

　그러다가 한국 전쟁이 시작되면서 육군은 본격적으로 전투에
임하였으며 전쟁 중에 지속적으로 발전하여 휴전이 될 때에는
18개 사단 66만여 병력 규모로 늘어났다.

　70년대의 비약적인 경제 발전은 우리나라가 자주적으로
국방정책을 수립하고 또 각종 무기를 갖춘 군이 되는 데에 큰
영향을 미쳤다.

　80년대 이후부터 지금까지 육군은 포병 전력 강화 뿐만 아니라
국방 개혁 2020에 맞추어 전력을 증강하고 효율적인 군 시스템을
만들고자 노력하고 있다. 또 해외 각국에 파병을 하며 국제
안보와 평화를 위한 국가로 세계 곳곳에서 국위를 선양하고 있다.

〈대한민국 육군 관련 통계〉

연간 6,000명 이상이 신임 장교로 임관하는데 이는 다른
나라와 비교해 볼 때 큰 숫자이다. 장교는 전체적으로 약
7만 명이고 부사관은 약 11만 정도인데 부사관의 비중을 꾸준하게
늘려가는 상황이다.

장군은 육 · 해 · 공군 모두 합쳐 소수이지만 육군 소속 장성이
타군보다 비교적 많은 편이다. 하지만 육사를 졸업한 장교 임관자
중 극소수만이 장군의 반열에 오를 수 있다.

육군의 병력은 2019년 기준으로 46.5만 명 정도이며 준장의
절반은 육사, 나머지는 3사와 학군, 학사가 맡게 된다. 따라서
군인의 길을 걸어가는 데에는 육사를 졸업하는 것이 확률적으로
보다 유리하다고 할 수 있다.

군대는 일반적으로 우리가 살아가면서 만나게 되는 집단과 전혀 다른 특징을 지닌다. 태어나서 처음으로 만나게 되는 가장 작은 사회의 단위인 가정은 혈연을 중심으로 하여 한 명의 사회인을 만들어내는 데에 초점을 맞추어 유지된다.

그 후 학교에서는 또래들과 자신의 의견을 교류하며 사회를 살아가기 위한 여러 가지 학문적 지식, 사회적 능력 등을 개발한다. 이 단계에서는 친구들 간의 우정이나 감정들이 자연스럽게 조성되며 성적, 취업 등과 같은 중심 목표가 개인의 선택에 의하여 만들어진다.

그러나 군대 내에서는 위와 같은 일반 사회에서 당연시 되었던 것들이 사라진다.

군대에서 전우와의 유대감은 선택이 아닌 필수이며 나라를 위한 충성 역시 무조건적이다. 중·고등학교에서는 학교 규율을 어겨도 큰 일이 벌어지지 않았다면 군대 내에서의 규율 위반은 군법으로 다스려질 만큼 엄격하다. 법에서도 군인은 민간인과 구분되어 취급할 정도로 그 구별이 분명한 것이다.

군인들에게는 절대 절명의 순간에도 나 자신,

혹은 가까운 이들이 아닌 국민을 선택하는 것이
강제된다. 계급이 주어지며 위에서 내려온
명령을 무조건 받들어 따르는 것 또한 군인
사회의 가장 근간이 되는 규율이다. 통제되는
생활에 적응할 수 있는 열린 태도와 성실함
또한 군인의 필수 조건일 것이다.

　직업 군인은 각종 훈련을 감당할 수 있는
강한 체력과 정신력이 필요하며 조국을
위해서는 목숨도 바칠 수 있는 애국심과
충성심을 지녀야 한다.

　또 이들은 타의 모범이 되는 행동을 해야
하기 때문에 높은 윤리의식이 요구된다. 장교로
복무하게 될 경우에는 자신의 대원들을 통솔할
수 있는 리더십과 갑작스런 상황에서
발휘되어야만 하는 분석력과 판단력이
요구되어진다.

　또 다양한 사람들이 모이는 곳이 군대이기
때문에 사람들과의 커뮤니케이션이 뛰어나고
남을 배려할 수 있는 마음이 필요하다.

　단체 생활에 어려움을 겪지 않아야 하며
극한의 순간에도 침착성을 잃지 않는 성격 또한
군인에게 필요한 것들 중 하나이다.

© Marva Ivanets

세계의 여군

'군인'이라는 단어를 떠올리면 제복을 갖추어 입은 남자들만을
떠올리던 시대는 사라진지 오래이다. 오늘날에는 대다수 국가의
경우에 남녀 구분 없이 일정한 요건만 충족되면 군인이 될 수
있다. 특히 전자전 시대가 되면서 여성들의 섬세함이 전쟁의
중요한 요소로 등장하기까지 하고 있다.

그러면 세계 속 여군의 위상을 미국, 독일, 캐나다, 영국, 일본의
순으로 살펴보자.

첫째로 미국은 군대 내 여성의 역할을 높이 사는 나라이다.
인사, 교육, 직무관리 등에서 남성과 여성의 차별이 전혀 없다.

2015년을 기준으로 볼 때 미군 전체의 약 15.6%가 여성인데
이는 1943년 최초의 여군이 등장한 이래로 여성의 급격한 성장을

보여주고 있다.

미국에서 공군, 육군, 해군 사관학교의 여성 입교 허용은 1976년에 이뤄졌는데 이를 시작으로 1978년에는 해군 주요 함정에 여군의 승선이 허용되었다.

미국의 군대 내에서는 성별에 관계없이 개개인의 자질과 능력으로 평가되며 그에 따라 각각의 업무가 주어진다. 즉 모든 직위에는 그 직위를 수행하는데 가장 유능한 사람들이 선발되게끔 제도화 되어있다.

독일은 1975년부터 의무병과 부문에서만 여군을 장교로 임명하였는데 1991년에는 군악대 부사관, 2001년에는 장교와 모든 병과를 여성들에게 전면적으로 개방하였다. 그에 힘입어 2005년에는 '남녀군인 평등 대우 조치법'을 발표하여 군내에서 여군들이 자신들의 능력을 적극적으로 발휘할 수 있게 하였다.

오늘날 약 9% 정도가 여군으로 구성되어 있는 독일은 인구 변동에 의하여 군에 지원할 남성의 수가 적어질 것을 우려하며 여성들의 군 입대를 기대하고 있는 실정이다. 독일에서는 군에 지원한 남성과 여성이 동일한 자격 조건을 갖추었을 경우에는 여성에게 우선권을 부여한다. 선발, 교육, 배치, 진급, 기본군사훈련 등 모든 것들은 남녀 구분 없이 통합 실시된다. 여성에게 주어지는 다른 특혜는 없는 것으로 규정되어 있다.

영국은 군 전체의 9.5%가 여군으로 이뤄져 있는데 1949년 왕립여군단이 창설되면서 최초의 여군이 등장하게 되었다. 이후 다른 서방국가들과 마찬가지로 여군의 지속적인 증가와 역할 확대가 이루어져 왔으며 1990년 해군 전투함에 여군이 탑승하는 것이 허용되면서 특수한 일부를 제외하고 모든 분야에 있어서 여군의 활동이 가능하게 되었다.

영국 국방부는 EU성차별 금지조항에 의해 보병과 기갑병과에도 여군들을 배치하는 등 남녀를 차별하지 않는 통합관리를 하고 있다.

캐나다의 여군은 전체 캐나다 군인의 약 14%를 차지하고 있는데, 1960년 최초로 여군을 정규군으로 편성한 이후 1979년에는 군사대학의 여성 입교를 허용하였다.

그러나 1989년 이전까지는 여군을 전투에 직접 노출되는 부대로 보내지 않았다. 하지만 이는 남녀 차별이라는 캐나다 인권 재판소의 판결에 따라 잠수함을 제외한 모든 부대와 직급에 남녀 차별 없이 여군을 임용하고 있다.

모병과 교육 훈련, 인사에 관련된 모든 부분에서 성별에 관계없이 남녀 모두에게 평등한 기회가 주어지고 있다.

일본의 여군 비율은 전체의 8%를 조금 넘는 수준이며 여군은 비전투분야에서만 활동이 가능하다. 1992년부터 간부자위관을 양성하는 방위대학교에 여생도의 입교를 허용하고 있지만 여군의 활동에 대한 실질적인 제한이 많은 나라로 평가되고 있다.

〈세계의 여군 현황〉

국가	여군 인원	비율	특징
미국	200,904명	15.6%	모든 분야에 개방(보병, 기갑, 전투공병 등 일부제한), 2011년부터는 잠수함에도 개방함.
러시아	77,500명	6.8%	의무, 통신, 행정, 전산, 보급 등 비전투직위에서 활동
이스라엘	62,104명	33.3%	유대교 교리상 전투병과 진출율이 2.5%에 불과함.
프랑스	50,375명	14.6%	전면 개방(단, 잠수함 및 기동헌병군 제외)
독일	16,300명	6.5%	전면 개방
영국	17,850명	9.5%	비전투직위에서 주로 활동. 육군의 경우에만 일부 전투직위에서 활동.
중국	90,000명	4.1%	주로 비전투직위에서 활동하나 예외적으로 해병대에서는 여군 전투병 지원 가능함.
일본	11,522명	5.2%	일부 제한하는 분야가 있음.

한국의 여군

　군에서의 여성 활동은 1945년 정부 수립 직후 혼란한 사회
현실 속에서 시대가 요구하는 '의식 있는 여성들의 사회적 동참',
특히 군을 통한 참여에 여성들이 화답하고 실천한 것에서
시작되었다고 볼 수 있다.

　그럼 한국에서 여군은 언제부터 등장하게 된 것일까?

　1948년 대한민국 정부가 수립된 후, 의식 있는 여성들의
사회적 동참이 호국 관련 여성 활동으로 이어졌는데 이는 한국
전쟁의 발발로 멈춰질 수 밖에 없었다. 그 대신 전쟁이 일어나자
여자 의용군이 모집되었고 총 2,000여명 정도가 지원하였는데 그
중에서 신체검사와 시험, 중학교 이상의 학력을 기준으로
선별하여 500명을 최종적으로 임용하였다. 1950년 9월에 육군
제2훈련소에 예속된 여자의용군 교육대가 세워졌으며 훈련을
마친 후 최초의 육군 여성 군인이 탄생되었다. 이들은 정훈대,
첩보대, 전투부대, 예술대에서 자신들의 능력을 발휘하였다.

　해군에서 여군의 시작은 1950년 8월의 해병대에서 부터였다.
해병대는 인천상륙작전의 선봉을 세우기 위해 제주도의 중학교
3学년부터 학생, 교사 등의 3,000여명을 모집하였다. 이때
126명의 여자 의용군이 포함되어 있었다. 이들은 후방지원업무를
맡게 되었으며 간호원, 홍보여원, 예비서무자의 업무를
수행하였다. 또 위문공연단을 인솔하여 공연을 진행하는 일들을
맡기도 하였다.

　공군은 1949년 2월에 '여자항공교육대'가 세워졌다. 학교장
추천과 선발시험을 통해 15명의 여자항공병이 입대하였으며
기본군사훈련을 비롯한 훈련을 마친후 '여자항공대'로
편성되었고 다음 해에 2기생을 선발하였다. 그러나 한국 전쟁이
발발되면서 중단되었다.

　그러나 무엇보다도 군대 내에서 가장 돋보이는 여군 인력은
간호장교였다. 간호장교는 1948년 제1육군병원 창설 후 간호
인력 확보를 위해 면허를 소지한 간호사들을 간호장교로

임관하면서부터 시작되었다. 간호장교 후보생 제도를 도입하고
150명의 지원자를 받았다. 이 가운데 31명은 소위로 바로
임관했으며 다른 합격자들은 교육을 통해 육군병원으로
배치되었다. 한국 여성장교의 첫 임관은 이때부터 시작되었다.

이렇게 출범한 여군은 실제 전쟁에서 크게 활용되지는 않았다.
여군의 활용방안을 군에서 찾아내지 못했기 때문이었다. 결국
여자의용군 훈련소는 1951년 11월에 해체되었다.

그 후 육군본부 고급부관실 내에 여군과를 설치하여 여군의
인사행정담당 업무를 담당하게끔 하였다. 이는 1954년 1월에
인사국 여군부로 개편되고 1959년 1월에는 여군처로 개편되는
과정을 거쳤다.

그러는 동안 여군의 활동 분야를 넓혀야 한다는 인식과 더불어
타자기의 등장은 여군이 맡을 수 있는 임무를 더욱 다양하게 해
주었다. 기초 군사훈련 이상의 훈련을 받지 못했던 여군들에게
한글 타자기의 개발은 기술 훈련의 기회를 가져다 주었고, 군
행정 분야에 있어서 여군의 입지를 튼튼히 하는 교두보가 되었다.
여군이 군 행정 업무를 수행하면서 남자 군인이 전투 업무에 더
많이 투입될 수 있게 되었던 것이다.

1970년에 군 운영의 경제적인 운영과 관리제도 개선의
필요성이 대두되면서 육군의 부대 편제 개편과 기구 개편이
이루어져 육군본부 직할 부대로 여군단이 창설되었다. 그러나

여군은 소수라는 점, 행정지원병과에서만 일한다는 점, 경쟁에서
남녀의 차별이 이루어진다는 점 등이 여군의 성장을 저해시키고
있었다. 이러한 불리한 환경 속에서 여군은 자신들이 일할 수
있는 업무 분야를 더욱 확대하고 우수 인재들을 양성하려는
노력을 거듭하며 성장을 거두어 나갔다.

　여군하사관 복무 규정 제정, 정예화 계획, 여군 장병 결혼 및
출산 허용과 같은 근무 여건의 변화는 여군들의 사기를
진작시켰을 뿐만 아니라 여군 지원률을 향상시켰다. 이러한
여군의 역할 확대에 힘입어 행정병과에서 벗어나 심리전
요원으로 활동하고 월남전에도 참가하는 등 그 업무 영역을
지속적으로 넓혀나갔다. 특히 '86아시안 게임', '88올림픽' 과
같은 세계적인 행사를 한국에서 개최하면서 더욱 성장하게
되는데 여군은 서울 올림픽에서 여성출입통제를 위한 검문검색
안전요원, 운영요원, 개막식 행사에 있었던 고공강하요원,
테러대비요원 등 다양한 역할을 수행하여 그 막강한 능력을
입증하였다.

　1990년 이전까지 여군은 40년의 역사를 가졌음에도 불구하고
행정업무 지원과 간호업무와 같은 군대 내에서 소수 병력에
지나지 않았다. 그러나 1990년에 들어서면서 '여군병과'가
제병과로 통합되고 이를 통해 운영 개념, 조직, 규모적인 면에서
엄청난 변화가 생겨났다. 그 중 하나는 이전에는 육군에서만
활동하였던 여군이 공군과 해군에까지 진출하게 되었다는
것이다. 또 여군훈련소의 이름도 여군학교로 바뀌게 되었다.

　1993년에는 육군 야전부대 신병교육대대 소대장에 여군이
진출하면서 육. 해. 공군의 전투 최일선에서도 여군의 역할이
공인받는 전환점을 맞이하였다.

　1997년 공군사관학교를 시작으로 육군사관학교,
해군사관학교가 각각 여자 생도를 받아들였으며 2002년에는
간호병과에서 최초의 여군 장군이 탄생하기도 하였다.

그리고 육군의 여군 양성교육은 남성 군인들과 통합하여
교육하게 되었으며 이로 인해 여군학교는 해체되었다.
또한 2002년에는 여군발전단이 창설되었다. 이들은 각 군에
소속된 여군들의 발전과 권익을 향상시키기 위한 역할을
수행하였다. 이는 각 군의 여성정책을 통합시키고 균형발전을
도모하는 데 목표를 두고 운영되었으며, 여성이 가정에서의
역할에도 충실할 수 있도록 돕는데 실질적인 힘을 보태었다.
2006년 '국방여성정책팀'으로 명칭이 바뀌면서 군내의
여군들뿐만 아니라 여성군무원과 공무원에까지 그 영역을
확대시켰다.

군대 내에서 여성의 위치

여대생 ROTC 제도의 도입으로 군대 내에서 여군의 위상이
한결 높아질 것이다. 2012년 9월의 조사에 따르면 우리나라 전체
여군의 총 수는 7,955명으로 육해공군 전체 병력의 4.5%를
차지하고 있는데 이중에서 약 70%가 육군에서 복무하고 있으며
해군에 약 12%, 나머지가 공군에서 자신의 임무를 맡고 있다.
하지만 캐나다나 미국, 영국과 비교해 볼 때 여군의 비율이 높지
않으며 이는 앞으로 우리나라 여군의 지속적인 발전이 가능함을
말해준다고 하겠다.

2012년 계급별 여군 현황을 살펴보면, 여군 전체 인원 7,955명
중 장교가 3,664명으로 46.1%, 부사관이 4,291명으로 53.9%를
차지하여 부사관 비율이 장교보다 높다. 이를 성별로 대비해보면,
장교 비중은 남군 대비 5.1%, 부사관 비중은 남군 대비 4.0%로,
여군 장교의 성별 비중이 부사관 보다 다소 높게 나타나고 있다.

군별·계급별 여군 현황을 살펴보면 장교는 육군의 경우
2,768명으로 남군 대비 5.1%를 차지하며, 해군의 경우는
319명으로 남군 대비 4.8%, 해병의 경우는 89명으로 남군 대비
4.2%, 그리고 공군의 경우는 488명으로 남군 대비 4.3%로
나타난다.

부사관은 육군이 2,763명으로 남군 대비 4.1%, 해군이
570명(3.3%), 해병대가 125명(2.3%), 그리고 공군이
833명(4.6%)으로 나타나고 있다.

국방부에서는 앞으로 여군의 인력을 더욱 확대할 것으로
발표하였다. 2016년 5.5%이던 여군 비중을 2020년 말까지
여군을 총 11,570명으로 늘려 간부 대비 6.3%를 목표로 하고
있다. 또한 2022년에는 8.8%로 확대하고 여군 소위와 하사의
초임 비율을 6.5%에서 2022년에는 13.3%까지 확대할 계획이다.
이는 여군의 수를 증대하는 것 분만 아니라 여군의 역할을
확장시키는 데에도 목적이 있다. 2015년에는 여군 장교 확대
목표를 달성하여 2019년 5,100명에 이르렀고, 부사관은

2017년에 목표를 조기 달성했다.

국방부의 여군 인력 활용 확대 방안의 바탕에는 여성 인력들이
고학력자들일 뿐만 아니라 경쟁력이 높다는 점에서 우수 인력
획득이 가능하기 때문이다. 또 여성의 특성상 남성보다 부정이나
비리에 연관될 확률이 떨어진다는 점을 긍정적으로 평가한다.

그렇기 때문에 비리가 일어나기 쉬운 직위에 여성 인력을
이용하는 것이 효과적일 것이라는 전망이다.

〈국방부의 여군 인력확대목표〉

구분	당초 계획	상향 조정(2017년)
여군 장교	장교 정원의 5%	5.5%
여군 부사관	부사관 정원의 7%	7.7%

구분	전체	장교	부사관	육군
2010년	6,642명(3.6%)	3,275명(4.4%)	3,367명(2.9%)	4,700명
2016년	10,552명(5.6%)	4,498명(7.0%)	6,054명(5.0%)	7,224명
2020년	11,570명(6.3%)	4,987명(7.7%)	6,583명(5.5%)	7,976명

우리나라 군인들은 크게 장교, 준사관, 부사관, 병으로 나누어지는데 병의 경우에는 의무병 제도를 채택하고 있어 모든 국민의 기본의무로 삼고 있다.

장교

한국 전쟁이라는 역사적 경험을 가진 우리나라의 경우, 군대는 사회에서 주요한 기관이며 집단으로 여겨져 왔다. 그래서 지난 수십 년간 군대는 국가 안보기관으로 일반 국민들에게 인식되어 왔다.

그러나 최근 들어서 선진국은 이러한 '안보전'보다는 '경제전'에 더욱 눈을 돌리고 있는 실정이다. 그로 인해 군을 이끄는 주요 보직의 장교들 역시 변화되는 군사정책과 전략 개념에 맞춘 새로운 능력과 자질을 요구받고 있다.

군 장교는 정치 권력에 가까이 있는 존재라기보다는 군사 전문인의 위상을 높여야 하는 것이다. 그러나 역사적으로 볼 때 군과 정치는 결코 단절될 수 없는 관계를 가지고 있음을 알 수 있다. 그래서 서양의 군사 전문가들은 군을 정치의 연장선상에서 생각하고 있다.

　장교는 군 내의 장병들을 지휘하는 역할을 담당한다. 군대를
조직하고 훈련시키며 전투시와 평상시의 군사 작전을 세우고
운영하는 임무를 갖는다.

　사관학교를 졸업한 후 소위로 임관을 받으며 능력과 경력에
따라 중위, 대위로 영관급인 소령, 중령, 대령으로 진급한다. 그 후
장관급인 준장, 소장, 중장, 대장으로 진급하게 된다.

　장교는 다시 3가지 계층으로 구분되는 데 최하위급인
위관급(소위, 중위, 대위), 중간급인 영관급(소령, 중령, 대령), 그리고
장군이라고 불리우는 최고급인 장관급(준장, 소장, 중장, 대장)으로
구성되어 있다.

　장교는 아래 중 하나에 해당하는 사람 중에서 임용된다.

■ 사관학교나 육군3사관학교를 졸업한 사람
■ 국군간호사관학교를 졸업하고 간호사 국가시험에 합격한
　사람
■「병역법」제57조제2항에 따른 학생군사교육단
　사관후보생과정을 마친 사람 중에서 선발된 사람
■ 전문 분야나 기술 분야에 대한 지식과 경험이 풍부하며
　전형에 합격한 사람으로서 해당 분야의 정하여진 과정을
　마친 사람
■ 전시에 탁월한 통솔력을 발휘한 준사관 및 부사관으로서
　장관급 지휘관으로부터 현지임관(現地任官)의 추천을 받은
　사람
■ 외국 장교 양성학교의 모든 과정을 마친 사람
■ 중위 이상의 계급으로 전역한 날부터 3년을 넘지 않은 사람
　중에서 전형으로 선발된 사람
■ 그 밖에 법령에서 정하는 바에 따라 장교로서의 자격이
　있다고 인정되는 사람

준사관

준사관이란 부사관과 장교의 가운데에 있는 군인 신분이다. 명령 권한이 있기 때문에 장교에 가깝다고 볼 수 있지만 대부분이 기술직에 몸담고 있으며 맡게 되는 일의 특성상 명령의 권한을 행사할 수 있는 기회가 부족하다.

대부분 부사관에서 들어오게 되는 경우가 많기 때문에 장교라 하지는 않고 그렇다고 부사관은 아니기에 군에서는 '준사관'이라는 명칭으로 이들을 부르는데 신분적으로는 장교에 포함시킨다.

국가에 따라 준사관 제도 자체가 없는 군체제를 가진 경우가 많다.

이러한 준사관의 경우에는 정기적인 모집을 통해 이루어지는데 원사이거나 혹은 상사로 2년 이상 복무한 자에 한하여 지원이 가능하며 '준위'로 임용된다.

일반적으로 기술보직인 경우가 많아 레이더 기지장 등의 특수기술보직의 관리직을 맡기도 하며 대규모 부대에 특별 참모로 일하는 경우도 있다. 지형 분석 담당관, 영상 해독 담당관 등의 군단 참모는 준위보직이다.

형식상으로는 소위보다 낮은 계급이지만 업무가 특수하여 위관급 장교들이 함부로 대할 수 있는 신분이 아니다. 일반적으로 부사관에서 상사와 원사를 거쳐야 지원 자격이 주어지는 위치인 만큼 연령이 높은 사람들이 많다.

그러나 육군 항공준사관과 통번역 준사관의 경우에는 20대에서 30대도 지원이 가능하다.

장교와 부사관 집단에서 독립적으로 벗어나 있기 때문에 군대의 중심에서 벗어나 있는 경우가 많으며 그로 인해 행동이나 근무 여건이 자유로울 수 있다는 평가이다.

부사관

부사관은 병사와 장교 사이에 놓인 중간 간부로 하사, 중사, 상사, 원사 등의 계급 군인을 말한다.

이들 부사관은 장교인 지휘관을 보좌하고 사병의 업무를 감독하거나 지시, 통제하는 일을 맡는다. 병사들에게도 전문화된 병과가 있는 것처럼 부사관들에게도 병과가 주어진다. 부사관들은 자신의 병과에 맞게 일하며 그 아래에 소속되어 있는 병사들을 교육시키고 전투가 가능한 상태로 훈련시킨다. 이들은 기술과 숙련을 요하는 분야를 맡는다. 군내에는 정비와 수리와 같은 전문인이 필요하기 때문에 부사관들의 업무 영역 또한 다양하고 넓은 편이다. 재해가 발생되었을 때는 민관군 통합 구조 현장에서 실무를 지휘하는 일을 맡는다.

부사관은 하사로 임관하여 중사, 상사, 그리고 원사까지 진급하며 원사 이후 적정한 심사를 통해 준사관(준위)으로 승진하기도 한다.

부사관에게는 복무기간이 있는데 단기복무의 경우는 임관 후 4년이며 여군은 3년이다. 장기 복무의 경우 7년 이상 복무하는 것으로 단기복무에 3년을 더 하게 된다. 장기복무는 임관된 지 4년이 되는 부사관들 중 지원을 받아 육군 계획인원의 140%를 장기복무 예비자로 선발하게 된다. 그 후 임관 6년차에 100%를 확정한다. 여군은 3년차에 예비 선발하여 5년차에 확정 선발하는 식이다.

부사관에는 진급 규정이 있다. 최저 복무기간은 하사로 2년 후 중사가 되고 중사로 5년 후 상사가 되며 상사로 7년 복무한 후 원사가 되는 것이다. 이는 법 규정 상의 최저 복무기간을 말하며 현실에서는 이보다 더 많은 기간이 소요된다. 대개 하사에서 중사로 진급하는데 5~6년이 걸리고 중사에서 상사로 진급하는 데 10여년이 걸린다.

부사관은 정년 전역이라고 하여 정년이 되면 전역을 하게 되는 데 하사가 40세, 중사가 45세, 상사가 53세, 원사가 55세이다.

▲ 마일드 중대전술 훈련 모습.

사회의 다른 직업에 비하여 젊은 나이에 정년 퇴직이 이루어지는
것을 알 수 있다.

　부사관이 누릴 수 있는 혜택과 복지에는 여러 가지가 있는데,
장기 복무로 선발되면 전문 직업군인이 되며 안정된 직업을
가진다. 또 20년 이상 군복무를 하게 되면 연금 수혜자가 된다.
미혼자와 기혼자들에게는 숙소를 제공하는데 미혼자에게는
독신간부숙소를, 기혼자에게는 부양가족수를 고려한 관사나
아파트를 제공한다. 또 연간 21일의 휴가가 보장되고 주5일로
일하며 자녀 학비를 지원하고 떨어져서 학교를 다니는 자녀에게
기숙사가 지원된다.

　부사관은 다음의 어느 하나에 해당하는 사람으로서 지원에
의하여 부사관 임용시험에 합격하여 참모총장이 정하는
교육훈련 과정을 마친 사람 중에서 임용된다.(「군인사법 시행규칙」
제14조제1항).

- 병장, 상등병 또는 일등병으로서 입대 후 5개월 이상 복무
  중인 사람

■ 고등학교 이상의 학교를 졸업한 사람 또는 이와 같은 수준
  이상의 학력을 가진 사람
■ 중학교 이상의 학교를 졸업한 사람으로서 「국가기술자격법」
  에 따른 자격증 소지자

다음의 어느 하나에 해당하는 사람도 부사관으로 임용될 수
있다.(「군인사법 시행규칙」 제14조제2항 본문)

■ 「병역법」 제57조제2항에 따라 실시하는 학생군사교육단
  부사관후보생과정을 마친 사람
■ 고등학교에서 일반군사교육을 받은 사람
■ 사관학교 또는 육군3사관학교에서 1년 이상의 교육을
  마치고 중퇴한 사람 또는 사관후보생과정을 중퇴한
  사람으로서 심사 결과 부사관으로 임용하는 것이
  적합하다고 인정되는 사람: 병의 의무복무기간과 같음
■ 「병역법」 제20조의2에 따라 유급지원병으로 선발되어 연장
  복무하는 사람은 참모총장이 정하는 교육훈련을 마친 후
  부사관으로 임용한다.(「군인사법 시행규칙」 제14조제3항)

여군 부사관

계급에 상응하는 임무 부여 : 남군과 동일(보직에 따른 책임과 권한 동시 부여)
■ 급여 : 봉급, 상여금, 각종수당, 급식비, 영외 거주수당 등(남군과 동일)
■ 진급 : 복무연한과 근무 실적에 따라 경쟁을 통한 계급별 진급
■ 결혼 : 중사 이상 전 장병 허용, 이후 계속 근무 가능
■ 출산 : 결혼 장병 출산 휴가 90일 보장(근로기준법 적용). 출산 및 개인
사정에 의한 휴직제도 검토 중

진급

　군인사법 제24조에 따르면 장교 및
부사관으로서 최저 근속기간 및 계급별 최저
복무기간을 각각 마치고 상위의 직책을 감당할
능력이 인정된 사람은 한 단계씩 상위 계급으로
진급할 수 있다.
　육군 진급의 경우는 최저 복무기간을 채운 자
중에서 근무성적을 비롯한 제반 사항을
심사하여 승진시킨다.

▲ 특전사 해상 훈련 모습.

〈진급에 필요한 최저 복무기간〉

진급될 계급	최저 근속기간	계급별 최저복무기간
소장	28년	준장으로서 1년
준장	26년	대령으로서 3년
대령	22년	중령으로서 4년
중령	17년	소령으로서 5년
소령	11년	대위로서 6년
대위	3년	중위로서 2년
중위	1년	소위로서 1년
원사	–	상사로서 7년
상사	–	중사로서 5년
중사	–	하사로서 2년

연봉

군인은 다음과 같은 호봉에 따른 봉급과 기타 수당을 받는다.

(2022년 기준)

〈육군 병사의 급여〉

- 병　장 676,100원
- 상등병 610,200원
- 일등병 552,100원
- 이등병 510,100원

〈후보생 등 교육생 신분 사관생도 급여〉

- 1학년 756,800원
- 2학년 793,600원
- 3학년 829,400원
- 4학년 923,900원

〈사관후보생 / 학군단 및 부사관후보생 급여〉

- 사관후보생 / 학군단 829,400원
- 부사관후보생 676,100원

〈직업 군인 등의 급여〉

- 대장 : 8,655,600, 중장 : 8,501,300(대장과 중장은 호봉이 없다.)
- 소장이하 급여는 다음 장에 있는 표와 같다.

〈장교 계급별 급여〉

〈단위: 원〉

호봉	소장	준장	대령	중령	소령	대위	중위	소위	준위
1	5,488,400	5,177,600	4,203,300	3,694,800	3,044,000	2,476,000	1,920,900	1,755,500	2,289,600
2	5,624,100	5,312,100	4,344,700	3,836,100	3,182,000	2,606,100	2,030,000	1,859,000	2,398,500
3	5,759,800	5,446,600	4,486,100	3,977,400	3,320,000	2,736,200	2,139,100	1,962,500	2,507,400
4	5,895,500	5,581,100	4,627,500	4,118,700	3,458,000	2,866,300	2,248,200		2,616,300
5	6,031,200	5,715,600	4,768,900	4,260,000	3,596,000	2,996,400	2,357,300		2,725,200
6	6,166,900	5,850,100	4,910,300	4,401,300	3,734,000	3,126,500	2,466,400		2,834,100
7	6,302,600	5,984,600	5,051,700	4,542,600	3,872,000	3,256,600	2,575,500		2,943,000
8	6,438,300	6,119,100	5,193,100	4,683,900	4,010,000	3,386,700			3,051,900
9	6,574,000	6,253,600	5,334,500	4,825,200	4,148,000	3,516,800			3,160,800
10	6,709,700	6,388,100	5,475,900	4,966,500	4,286,000	3,646,900			3,269,700
11	6,845,400	6,522,600	5,617,300	5,107,800	4,424,000	3,777,000			3,378,600
12	6,981,100	6,657,100	5,758,700	5,249,100	4,562,000	3,907,100			3,487,500
13	7,116,800	6,791,600	5,900,100	5,390,400	4,700,000				3,596,400
14			6,041,500	5,531,700	4,838,000				3,705,300
15			6,182,900	5,673,000					3,814,200
16									3,923,100
17									4,032,000
18									4,140,900
19									4,249,800
20 ⋮ 26									4,358,700 5,012,100
27									5,121,000

준위계급의 급여는 21~25호봉까지 생략함. [2022년 기준]

<부사관 계급별 급여>

<단위: 원>

호봉	원사	상사	중사	하사
1	3,210,800	2,220,700	1,791,100	1,705,400
2	3,313,400	2,319,200	1,883,200	1,734,600
3	3,416,000	2,417,700	1,975,300	1,763,800
4	3,518,600	2,516,200	2,067,400	1,793,000
5	3,621,200	2,614,700	2,159,500	1,822,200
6	3,723,800	2,713,200	2,251,600	1,851,400
7	3,826,400	2,811,700	2,343,700	1,880,600
8	3,929,000	2,910,200	2,435,800	1,909,800
9	4,031,600	3,008,700	2,527,900	1,939,000
10	4,134,200	3,107,200	2,620,000	1,968,200
11	4,236,800	3,205,700	2,712,100	
12	4,339,400	3,304,200	2,804,200	
13	4,442,000	3,402,700	2,896,300	
14	4,544,600	3,501,200	2,988,400	
15	4,647,200	3,599,700	3,080,500	
16		3,698,200	3,172,600	
17		3,796,700	3,264,700	
18		3,895,200	3,356,800	
19		3,993,700	3,448,900	
20			3,541,000	
21			3,633,100	
22			3,725,200	

[2022년 기준]

정년

　일반 공무원과 달리 군인은 특수한 업무를 수행하다보니
정년제도 역시 공무원보다 복잡하다. 일반적으로 다음의 3가지
정년제도가 있다. 정년이 되면 군에서 퇴역해야 한다.

■ 계급별 정년
장교의 현역 정년을 계급별로 원수는 종신, 대장은 63세,
중장은 61세, 소장은 59세, 준장은 58세, 대령은 56세, 중령은
53세, 소령은 45세, 대위 이하는 43세로 규정하고 있다. 이는
쉽게 말해 연령 정년으로 즉, 자신이 대장에 임관하여 63세가
되면 정년을 맞이하여 전역하거나 퇴역하는 것이다.

■ 근속 정년
근속 정년은 자신이 장교로 임관 후의 햇수를 세는 것으로 예를
들어 대령의 경우에는 35년째가 되면 정년을 맞는 것이다.

■ 계급 정년
계급 정년은 해당 계급에 임관한 후 그 햇수 내에 진급하지
못했을 경우에 정년을 맞게 되는 것을 말한다.

계급별 임용 관련 최저 연령과 최고 연령

장교와 준사관, 부사관에 최초로 임용될 때에 최저 연령과 최고 연령에 관한 규정이 있다. 소
령의 최고 연령은 36세이며 대위는 32세, 중위는 29세이다. 소위의 최저 연령은 20세이며
최고 연령은 27세, 준위의 최저 연령은 20세이며 최고 연령은 50세이다. 부사관 임용의 최저
연령은 18세이며 최고 연령은 27세이다.

그러나 준사관이나 부사관 출신의 소위는 최고 연령을 35세로 하며 소위로 임관되는 사람 중
박사학위과정을 수료했을 경우에는 29세로 한다. 병역을 마치기 전에 법부, 의무 및 군종 장교
로 임용되는 사람 가운데 판사나 검사, 변호사 자격증이 있는 사람과 5급 공무원 시험에 합격
하여 기본병과의 장교로 임용되는 사람은 편입 제한연령 전까지 임용이 가능하다. 그러나 병역
을 마친 사람이 군의과나 치의과의 장교로 임용될 경우에는 최고 연령을 37세로 하게 된다.

제대 군인의 일자리 창출을 위한 육군의 노력

　제대군인은 장기복무자(10년 이상), 중기복무자(5년 이상 10년 미만), 단기복무자(2~3년)로 구분되며 특히 장기복무 제대군인은 36~56세로 자녀 학자금, 결혼 자금 등 생애지출이 가장 많은 시기에 전역을 하게 되어 경제적 도움이 필요하다. 이러한 문제를 해결하기 위해 국가보훈처는 제대군인 지원 기구에 관한 법령을 가지고 직업교육훈련, 취업보호, 전직 지원금, 교육지원 등을 하고 있다.

　외국에서는 제대 후 군인의 취업률이 94%에 육박하는 반면 국내는 약 53%에 그치고 있는 실정이다. 직업의 특성상 군인은 다른 직업과 비교하여 젊은 나이에 실업을 할 확률이 높다. 이를 위하여 육군에서는 '육군취업지원센터'를 운영하고 있으며 국가보훈처에서도 '제대군인지원센터'를 통해 재취업을 돕고 있다.

　'육군취업지원센터'는 하나의 헤드헌터와 같이 기업을 상대로 육군의 우수한 인력 자원을 추천하는 역할을 하고 있다. 제대 군인이 구직을 등록하면 국방취업지원센터, 제대군인 지원센터 등과 함께 구직과 구인 정보를 공유하고 각급 부대와 기업체에 추천을 받아 거기에 알맞은 제대 군인을 선발하여 새로운 사회 내의 직장으로 연결시켜주는 것이다.

　'제대군인지원센터'는 서울, 경기북부, 부산, 대전, 대구, 광주와 같은 주요 거점에 각각 위치하고 있으며 전문 상담사와의 일대일 맞춤형 상담을 통해 적합한 채용정보를

제공한다. 맞춤식 취업상담 및 경력 설계, 구직활동 지원으로 군에서 쌓았던 경험을 사회에서도 계속 유용하게 사용할 수 있게끔 돕고 있다. 뿐만 아니라 취업지원활동을 위하여 온라인 직업심리검사, 취업이나 창업을 위한 상담 및 워크숍, 구인 구직의 만남의 날 행사, 선후배 온라인 맨토링과 같은 도움을 주고 있다.

　그러나 이러한 노력에 불구하고 국내의 제대군인 전직 지원제도는 그 효과를 발휘하지 못하고 있다는 평가이다. 장기복무 제대군인의 취업률은 사회에서 선호하는 나이에 맞지 않다는 이유 등으로 인하여 재취업이 50%에 그치고 있는 실정이다.

　취업된 직업 역시 비상계획관, 군무원 예비군 지휘관 등 국방 관련 분야에 집중되고 있다. 군 업무와 관련이 없는 직업들로는 단순 노무직이나 경비 업무 등이 대부분을 차지하고 있어 군에서 쌓은 기량과 특기를 살릴 수 있는 일자리 창출과 기업 연계가 필요하다는 목소리가 나오고 있다.

　국방부를 비롯한 관련 기관들은 이러한 취업의 한계를 극복하기 위하여 다양한 방안을 모색 중이다.

※ 육군취업지원센터 www.armyjob.mil.kr
※ 제대군인지원센터 www.vnet.go.kr

Part Two

Who & What

  군의 가장 작은 조직 단위라 할 수 있는 분대가 8~9명으로
이루어지는데 이러한 분대 3~4개가 모여 소대가 되며 소대장이
통괄 지휘하는데 소대원은 통상 30명에서 40명으로 구성된다.
중대는 이러한 소대가 3~4개 묶여지며 90~150명 사이이다.
대대는 이런 중대가 다시 3~4개 모이며 300명에서 600명으로
이뤄진다. 연대는 3~4개의 대대가 모여 1,500명에서 2,500명이
되고, 여단은 4~6개의 대대로 묶여져서 2,000명에서 5,000명
사이의 숫자로 구성된다. 사단은 4개의 연대 및 몇 개의 직할대로
1만 명 내외이다. 군단은 3~4개의 사단 및 기타 포병과 기갑,
공병의 여단을 포함하여 4만 명 내외가 된다. 야전군에는
3~4개의 군단과 기타 통신여단, 군수지원사를 포함하여 15만

명쯤 된다.

그런데 이 중에서 여단이란 일반 다른 부대 단위와 달리 정규 전투를 위한 부대가 아닌 특수한 목적을 가진 부대를 말한다. 이들은 전쟁 시 혹은 평시에 군단의 특수한 일들을 도와주는 특수 임무 부대이다. 포를 다루는 포병의 경우에도 사단 안에서 포병이 있는 경우와 포병 여단 내에 포병부대가 있는 경우가 있는데 그 역할에서 차이를 보인다. 사단의 포병은 연대를 지원하는 정도이지만 포병 여단은 그보다 작전 범위가 훨씬 넓다고 하겠다. 공병이나 특공대 역시 사단 안에 존재 하지만 여단 규모의 부대가 더욱 효율적이고 전문적으로 자신들의 임무를 완수한다.

이러한 육군은 각자의 병과를 갖게 되고 그에 따라 군사 임무를 맡게 된다. 병과란 군대에서 각 군인이 수행하는 주요 임무를 분류해 둔 것으로 '군사 특기'라고도 한다.

병과의 종류

1. 기본병과
- 전투병과 : 보병, 기갑, 포병, 방공, 정보, 공병, 정보통신, 항공
- 기술병과 : 화생방, 병기, 병참, 수송
- 행정병과 : 부관, 헌병, 재정, 정훈, 군악

2. 특수병과
: 의무(군의, 치의, 수의, 의정, 간호), 법무, 군종

보병

　보병은 소총을 개인의 무기로 삼는 병과로서 전투를 수행하는 육군에서 중에서 가장 많은 인원이 근무하는 핵심병과이다. 점령과 방어를 주요 임무로 하며 개인이 소지한 무기로 적을 공격하고 적의 공격을 방어하는 임무를 맡는다. 보통 경계근무를 맡거나 다른 부대의 경비근무를 지원하는 일을 하게 된다.

　전술 훈련이 자주 있으며 사격, 수색, 공격, 돌격, 유격 등과 같은 전투 훈련과 천막치기, 진지구축 등과 같은 방어 훈련 등 전시를 대비하는 훈련을 받는다. 옛날에는 모든 전투에서 보병이 단독으로 싸움을 주도 했으나 오늘날과 같은 현대전에서는 고성능 무기가 중심이 되다보니 보병은 주로 해·공군 및 기갑, 포병, 항공 등의 전투병과와 긴밀한 협동 하에 전쟁의 최일선에서 적과 싸우게 된다. 지상전투의 핵심병과로서 적을 공격하고 방어할 뿐만 아니라 분쟁지역을 점령하고 방어하는 임무를 맡는다.

　보병은 도보로 이동하는 것을 기본으로 하지만 신속한 이동을 위한 기계화 부대, 차량화 부대도 있다. 차량화 보병은 트럭과 지프를 이용하여 신속히 이동하여 전투하는 부대를 말한다. 걸어서 이동하던 기존의 보병보다는 빨리 이동할 수 있어서 더욱 효율적인 전투를 가능하게 하였다. 이보다 더 나아가 발전된 것이 기계화 보병이다.

　기계화 보병은 병력 수송차량이나 장갑차와 같은 보병 전투차를 이용하여 이동하는 보병을 말한다. 2차 세계대전 때부터 전차를 중심으로 한 전격전이 시작되면서 기계화 보병이 시작되었다. 보병과 전차는 상호간의 도움을 받아 지상전 작전을 하게 되는데 도보로 이동을 하던 보병은 전차의 기동성을 따라가기가 어려웠다. 그로 인해 보병의 수송을 빠르고 용이하게 할 수 있는 방법들이 고안되었고, 그 중의 한 가지가 바로 차량이나 장갑차를 이용하여 이동하는 것이었다. 이러한 기계화 보병은 기갑병과 보병의 중간 단계라고도 볼 수 있다.

　　이러한 기동성이나 화력의 발달과 더불어 상대방의
공격으로부터 자신을 지켜내는 방호력 또한 발달하게 된다. 바로
군사무기 발전과정의 양대 요소라 하겠다.

　　일반적으로 보병은 소총, 탄약, 대검, 수류탄, 방탄조끼, 방탄모,
화생방 장비, 감시 장비 등의 개인 군장용구와 경기관총,
중기관총, 박격포, 대전차화기(로켓포, 무반동총 등), 대공화기 등의
공용화기를 갖추고 있다. 그 외 전투용품으로 여벌의 전투복 및
전투화, 수통, 판초우의, 야전삽, 전투식량 등을 휴대한다.

　　보병들은 라이플이라고 하는 소총을 휴대하는데 이는 보병이
다루는 기본적인 무기이다. 입는 옷은 위장 전투복이라고 하여
전쟁 시 적에게 발각될 확률이 떨어지게끔 만든 옷을 입는다.
눈이 많이 내리는 지역에서는 위 아래로 하얀 색의 전투복을 입어
눈 속에서 잘 숨을 수 있게끔 하고 사막에서는 사막과 비슷한
색깔이나 무늬의 옷을 입기도 한다. 또한 급격한 상황 변화로
주위 환경과 옷이 확연히 구분될 때에는 위장막이라는 것을 옷
위에 걸치고 여기에 풀이나 나뭇가지 등을 꽂아 자신을 숨기기도
한다. 급소 부위를 총탄과 포탄의 파편에서 보호하는 방탄조끼와
헬멧을 착용하며 군장에는 예비탄창을 넣는 주머니가 많이
달려있다. 허리에는 수통을 매달아 훈련이나 전쟁 시에 수분을
섭취하게끔 한다.

　　그리고 보병이 개인적으로 소지하는 수류탄은 폭약이
충전되어 있는 것으로 사람이 손으로 던져 적을 공격하는 일종의
폭탄이라고 하겠다.

기갑

　한국 전쟁 때 단 한 대의 전차도 갖고 있지
않았던 육군은 온 몸으로 적과 싸워야 했으며
그로 인해 전차 보유의 필요성이 크게
대두되었다. 미군의 지원으로 두 개의 전차
중대를 만들었으며 베티고지와 백마고지,
월비산 탈환 전투 등 치열한 전투 속에서
승리를 이끌 수 있었다. 이러한 전차부대를
기갑부대라고 부른다.

　기갑은 쉽게 말해 전차를 운용하는 병과이다.
최신 과학을 응용한 병기와 장갑, 기계력을
장비한 전차(탱크)를 타고 적을 공격하는
부대를 기갑부대라고 부른다.

　이 부대는 전차와 장갑차, 자주포 등을
보유하여 우수한 화력, 신속한 기동력 등을
바탕으로 적을 공격하는 공격 전문부대로써
육군의 핵심전력이라 할 수 있다. 기갑은 보병
사단 내에서 전차대대로 운용되며 기갑병과의
주력 무기는 전차이다. 보병부대를 화력으로
지원하는 데 사용되기도 하며 선봉에 서서 적의
방어선을 돌파하거나 적의 부대를 격멸하여
전투의지를 꺾는 역할을 한다.

　그런데 전차는 자동차처럼 혼자서 운용할 수
없으며 각자 역할이 다른 몇 사람들이 함께
작업을 해야 한다. 바로 전차 승무원들인데
전차를 조종하는 조종수 뿐만 아니라 포를 쏘게
되는 포수와 전차에 문제가 생겼을 경우 이를
해결하는 정비관도 함께 포함된다.

　전차는 장거리를 오래 달릴 수 없게끔 되어
있기 때문에 장거리 이동시에는 열차를

이용하거나 대형 트레일러가 필요하다. 또 거친 길을 저속으로 달리게끔 설계되어 있기 때문에 일정 거리를 달리면 정비가 요구된다.

기갑부대는 기계화 보병, 자주포, 육군 항공, 방공, 공병 등 제병과가 통합된 전투력을 발휘할 때 더욱 강력한 파괴력을 발휘할 수 있다. 전차는 단독적으로 행동하기 보다는 보병과 포병, 공병과 함께 행동한다. 보병들은 전차 내에서 볼 수 없는 적들을 잡아내고 공병은 전차 앞의 장애물들을 제거하는 식이다. 전차는 상대의 전차와 같은 대형 목표는 공격과 파괴가 용의하지만 주변 지형이나 건물 뒤에 숨은 적들의 격파는 쉽지 않기 때문이다. 또 전차는 이동하는 데 많은 연료가 필요하기 때문에 연료를 실은 트럭이 함께 움직이는 경우가 많다.

우리나라 기갑병과의 주력 전차는 K-1이라는 특수 장갑 전차로 탑승해 있는 승무원들의 안전 보호력이 뛰어날 뿐만 아니라 땅위를 달릴 때 얻게 되는 충격감을 상쇄시켜주는 현수 장치를 자랑한다.

이 전차는 국내에서 자체적으로 개발한 것으로 한국 지형의 특성에 적합하게 만들어졌으며 개발 된 시기에 88서울 올림픽이 개최되어 88전차라고 부르기도 하였다.

기갑병의 정예화를 위하여 과학화된 교육훈련 장비를 사용하고 있으며 포술 및 조종시뮬레이터, 전차 다목적 시뮬레이터 훈련기 등으로 실전과 다름없는 훈련을 통해 최강의 기갑부대원으로 육성한다.

포술 및 조종 시뮬레이터는 다양한 날씨를 설정하여 실전을 체험할 수 있고 훈련 후 교육생을 과학적인 분석 기법으로 평가할 수 있어서 효과적이다. 또 전차 훈련의 소음, 분진, 사고의 위험에서도 안전하다.

▲ 군사훈련을 위해 이동하고 있는 기갑부대의 모습.

▲ 초군반(초등군사교육반과정) TMPS 훈련 모습.

포병

포병은 적과 직접적인 접촉 없이 후방에서 적진을 사격하는
일을 맡게 된다. 이를 통해 보병 및 기갑부대를 지원하는 임무를
수행한다. 대포, 로켓, 미사일을 운용하여 적 부대 및 시설을
파괴하여 보병과 기갑이 작전을 펼치는데 유리하게끔 해주는
것이다. 그렇기 때문에 다른 부대와의 협조가 아주 중요하여 포병
내에는 이를 위한 '연락장교'가 별도로 있다.

포병의 주요 임무는 화력을 지원하는 것이다. 현대 전쟁에서는
전투 초반에 화력을 통해 상대방의 전투 수행 능력을 떨어뜨리고
적의 주요 거점을 파괴시키는 것에서 승패가 나뉜다고 할 수
있다. 포병의 역할은 그런 부분에서 아주 중요하다.

기갑 부대 역시 포로 싸우기 때문에 비슷한 점이 있지만 포병의
특징은 보이지 않는 먼 표적을 포격하는 것이다. 상대가 눈으로
확인할 수 없는 지점에서 갑작스럽게 공격을 할 수 있다는 점이
장점이다.

이전에는 주로 발사된 후 물리학적 법칙에 따라 목표 지점에
도달해서 폭발하는 게 대부분이었으나 지금은 레이저를
사용하여 목표로 유도되는 포탄과 로켓의 방식을 이용하여 더 먼
거리를 갈 수 있게끔 만든 것 등 무기의 성능이 더욱 상향되고
있다.

포병은 포를 발사할 때 타켓지점을 좌표로 계산하여 쏜다.
따라서 포병은 숫자를 많이 사용하는데 이 숫자가 아주 중요하기
때문에 시끄러운 야전에서 숫자를 혼동하는 일이 없도록 별도의
포병숫자라는 것을 사용한다. 1을 하나, 2를 둘, 3을 삼, 4를 넷,
5를 오, 6을 여섯, 7을 칠, 8을 팔, 9를 아홉, 0을 공으로 읽으며
30을 읽을 때에 '삼공'으로 241을 읽을 때에는 '둘 넷 하나' 라고
하는 식이다. 이를 익숙하게 하기 위해 포병들은 병영 생활
가운데도 포병 숫
자를 사용하여 말하고 수를 센다. 이는 전투 시에 숙달된 행동이
필요하기 때문에 평소에 연습하는 것이다.

▲ 멀리 있는 표적을 향해 포를 발사하는 모습.

포병은 차량이나 자체의 동력으로 이동하며 관측, 포사격, 측량, 사격 통제로 나누어 임무를 수행하게 된다. 사격을 하기 위해서는 적의 위치를 판별하는 것은 물론이며 포에서부터 적이 있는 곳까지의 거리, 바람과 지형의 위치 등을 고려하여야 한다. 실제 포를 사격하는 병사들을 지휘하는 '전포대장'과 사격에 필요한 정보들을 수집하고 계산하는 '측지장교', '관측 장교'가 함께 일한다.

야전포병, 현무정비, 기상관, 로켓포병, 견인포병, 자주포병, 자주포 조종, 견인포 화포 정비, 사격지휘, 음향장비 운용/정비, 포병측지와 같이 전문적인 분야들을 각각 담당하게 된다.

포병은 이학계열 즉, 수학과, 통계학과, 물리학과 등과 공학 계열의 기계공학, 전자공학, 토목학과 등에 관련된 이들에게 병과 분류 시 우선 순위를 준다.

방공

방공은 공중으로부터 적의 침입이나 공격을 미리 발견하고 이를 막는 일을 하는데 주로 항공기와 미사일, 무인항공기의 침투 및 공격을 탐지하고 이를 격추하여 아군이나 아군의 주요 거점을 보호하는 역할을 하는 부대를 말한다.

항공기와 미사일이 출현된 후에 만들어진 병과이기 때문에 역사가 짧은 편이다. 육군 외에 공군에도 편제되어 있다. 방공은 방호 기능의 핵심 역할을 하는 병과로 우리나라 내의 모든 방공무기 체계가 하나로 통합 운용되어야 하는 만큼 다른 군과의 연합이 중요한 분야이다.

방공병과는 또한 정밀한 위치 공격이 가능한 지대지 미사일을 이용하여 지상 위에 있는 적의 기지를 섬멸하는 임무도 가지고 있으며 패트리엇과 같은 전술 탄도 미사일을 이용하여 우리 군의 주요 기지들을 방호하는 업무도 하고 있다.

그러나 주요한 업무는 역시, 하늘을 통해 날아오는 적 항공기나 미사일을 사전에 탐지하여 격추시키는 임무이다. 적이 전격적으로 쳐들어오는 방법 중 가장 일반적이고 주된 것이기 때문이다. 이와 관련된 첨단 방공무기체계들을 우리나라 육군이 자체 개발하기도 하였다.

방공 무기는 포와 미사일로 나눌 수 있으며 방공 작전을 통제하는 일, 이와 관련된 우리 무기와 기구 들을 정비하는 일, 방공 레이더를 운용하는 일 또한 방공 병과에서 하는 일이다.

탄약 보급 등과 같은 일도 방공 병과에서 맡는 일이다. 유도탄과 포탄을 이용하여 공중에서 벌어지는 전투를 수행하는 임무를 지니고 있다.

방공은 하늘을 경계하는 일이기 때문에 방공부대는 높은 산 꼭대기나 도심지 건물 옥상에서 근무 하는 경우가 많으며 다른 병과에 비해 추위나 더위와 싸우는 일이 많은 편이다. 또한 다른 포대나 정비대와 지리적으로 많이 떨어져있으며 대공포와 궤도차량, 휴대용 미사일 등의 중장비를 이동하는 일이 잦다. 적군과 아군을 구별하는 식별 능력이 뛰어나야 하며 높은 교정시력이 요구되는 병과이다.

전기나 전자, 반도체, 전산 컴퓨터 등과 같은 공학계열이 우선순위로 선발되며 부사관 학과 중에는 방공 부사관 학과가 있다.

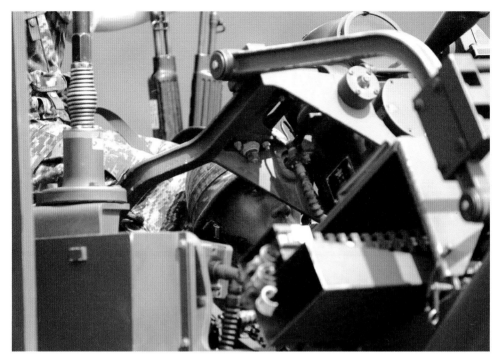

▲ 대공포로 사격훈련 하고 있는 방공부대의 모습.

▲ 항공기와 미사일 격추를 위한 방공병과 훈련 모습.

공병병과에서는 건설 중장비와 같은 기구들을 이용하여
전시에 적이 이용할만한 구조물을 폭파하고 지뢰를 설치하거나
제거하는 일, 강을 건너기 위한 교량을 설치하는 일, 건설 등을
맡는다. 공병은 우리 군의 기동성을 높이고 적의 기동을 방해하는
것을 목적으로 하고 있다.

공병의 모토는 '시작과 끝은 우리가'이다.

지뢰, 폭발물, 철조망 등등의 장애물 설치하고 제거하며, 도하
작전 시 부교 설치 등등 뭔가를 만들거나 부수는 것을 주특기로
하는 병과이다. 전시나 평시에나 아군이 움직이는 길을
개척해주는 일과 방호진지를 건설하는 일을 하며 장애물을
설치를 하여 적의 기동을 방해하는 일을 한다. 실전에 없어서 안
될 중요한 전투 병과라 할 수 있다.

사단 예하 공병대대나 공병 여단, 공병단 등이 있지만
시설공병들은 각 보병 연대를 기준으로 두 세 명이 포함되어
있으며 공병들 중 폭파병으로 일하게 되면 수색대로 가기도 한다.
폭파병, 지뢰병, 야전공병, 도하병, 교량병, 전투도저 등 전쟁에
특화된 주특기가 있고 목공병, 배관병, 토목병 등 건설 및 해체에
특화된 주특기로 구별된다.

이 외에도 보일러병, 환경관리병 등 주둔지 관리에 관련된
공병들도 있지만 소수이다.

전투공병과 시설공병으로 나뉘어 임무를 수행하는 것이
보편적이었으나 현재는 시설공병이 많이 줄어들었다.

공병은 평상시 교육훈련이나 시설관리를 하는데 군사시설의
유지 및 보수가 주요 임무이다. 평시의 공병은 막사의 건축이나
증축에 투입된다. 본대에서 한참 떨어진 산간오지의 소초
시설공사를 감독하는 일을 맡기도 한다. 이러한 감독병은
건축학을 전공한 경우가 많으며 공사와 관련된 도면을 연구하고,
이 도면에 따라 구조물을 건축한다.

일반 보병 대대에서 공병 특기를 가지고 일하는 병사들은 주로

▲ 하천의 건너편에 교두보를 설치하는 도하작전 모습.

막사에서 사용하는 민간생활시설 관리를 맡는다. 보일러
배관수리병, 환경시설 관리병이 그러한데, 부대 내 오수와 폐수
처리시설을 담당하는 일을 하기도 한다. 이들은 여름에
오수처리장을, 겨울에는 보일러를, 평시에는 작업병으로 일하게
된다.

기갑 또는 보병사단 소속의 공병대는 차량 수리병 혹은 기계
수리병의 특기를 가지며 차량을 수리하는 일을 맡게 된다.

사실 기갑병과와 공병병과는 같이 움직이는 경우가 많은데
기갑이 전진하는 길을 공병들이 폭파물 제거 등을 통해 열어주기
때문이다. 또한 공병은 전쟁이 나면 적군의 기동을 막는 일을 주
임무로 하게 되는데 도로를 폭파하거나 대전차 장애물을
설치하는 일 등을 한다. 보병의 공격을 지연시키기 위해선 지뢰와
부비트랩을 이용하며 특정 길목으로 유인하여 병목 현상 및 출혈
교전을 만들어내는 식으로 적의 기동을 지연시킨다.

또 다른 임무는 주요시설을 사용하지 못하게끔 하는 일이다.
적군이 사용할 수 있는 공항, 항만, 도로, 다리, 터널, 발전소,
군사시설 등을 부수는 것이다. 적이 점령하였을 때 소용이 없게끔

하는 것이 목적이다. 이는 우리 시설뿐만 아니라 적의 시설도
포함하는 것으로 공격적인 개념도 포함된다. 특전사 중에도 공병
병과가 있다.

우리가 적의 공격을 지연시키는 것과 마찬가지로 적들에게도
공병이 있어 우리 군대의 공격을 지연시킬 것이다. 그래서 공병은
전쟁이 나면 우리 부대의 기동력을 확보하기 위하여 적이 설치한
지뢰, 철조망 등을 제거하고 끊어진 다리를 연결하는 등의 일을
맡는다. 강을 건너는 것은 매우 중요한 일이며 많은 수의 군인을
한 번에 잃을 수도 있으므로 모의 훈련이 실전 상황처럼 자주
이루어진다.

병참선의 구축 역시 중요하다. 연료와 보급품이 떨어지지
않도록 보급기지를 구축하는 것을 말하는데 이때 공병은
수송대와 함께 작전을 펼치게 되며 보급품 저장고, 수송로,
보급차량 진출입로, 보급헬기 착륙장을 구축하는 일을 한다.
전방에서 전투 중일 때에 후방에서 시설 복구에 힘쓰는 일을 맡는
것 또한 공병이 하는 일이다.

참호와 방호를 구축할 때에도 공병이 필요한데 대규모의
방호시설을 만들어야 하기 때문이다. 포병대, 통신대, 전차대
등을 위한 방호시설은 공병이 신속하게 구축해주어야 한다. 특히
포병대를 위한 방호시설의 경우 포병은 공격과 동시에 반격을
받을 확률이 높기 때문에 빠르게 설치해 주어야 한다.

굴삭기나 불도저 등을 다룰 수 있는 중장비 특기병과 같은 경우
다른 부대에서 파견되어 일하는 경우도 많다. 또 해외 파병 시
공병 모집의 비중이 크기 때문에 다른 병과 보다 외국으로 갈 수
있는 기회도 많은 편이다.

건축 · 토목 · 기계 · 환경 관련학과 및 목수, 소방관, 배관공,
전기기사 등의 특기를 가진 사람들을 우선적으로 선발하게 된다.

정보

정보병과는 전시나 평상시를 불문하고 적에 관련된 정보를
수집하는 일을 한다. 전장의 지형과 기후 등과 관련된 중요한
정보들을 여러 수단을 통해 얻어내고 이를 이용하여 군의 작전이
승리할 수 있도록 지원하는 역할을 한다. 위성을 이용하여
지상에서 임무를 수행하고 있는 보병, 공병들에게 지형물의
위치와 적의 움직임 등을 전달해주어 전투에서 승리할 수 있게끔
도우며 육군뿐만 아니라 공군과 해군들에게도 그 정보를
알려주는 일을 한다.

네트워크의 운용을 통하여 군내에서 필요한 정보들을
실시간으로 전파해주고 수집된 정보들을 유용하게 분류하고
정리하여 군에서 요구되는 정보를 거기에 맞게끔 맞춤식으로
전달하는 일도 맡는다. 또 첨단 정보기술을 이용한 군사적 활동이
이루어질 수 있게끔 군 내의 정보망 역할을 한다.

정보병과는 이 외에도 적이 우리 군의 정보를 가져가는 일을
막으며 첩보활동을 통해 첩보나 정보를 수집하는 일을 맡기도
한다. 해외에 파견되어 국력을 홍보하고 군사 교류를 강화하기도
하며 상대의 심리적 마비를 유발하는 심리전 활동 역시 정보
병과의 역할이다.

감시기나 통신방수기지, 정찰위성 등을 이용하여 신호 정보,
통신 정보, 전자 정보를 수집할 수 있으며 정찰기나 정찰위성을
통하여 사진 정보를 얻게 된다. 또 정보 제공자나 첩보원을
이용하여 정보를 얻을 수 있으며 감시위성은 지리적 정보를 얻는
데 이용된다.

정보병과에서는 군사 정보, 심리전, 정찰, 신호정보, 땅굴 탐지,
감시 장비 운용, 보안, 무인항공정찰기 운용과 같은 각각의
임무를 가지고 일하게 된다.

IT · 어학 · 컴퓨터 · 통신 · 영상 관련학과 및 자격증 소지자를
우선적으로 선발한다.

정보통신

세계의 흐름은 정보화 사회로 흐르고 있다. 전쟁은 점차 지상전이 아닌 사이버전으로 가는 추세이다. 세계 1위의 IT강국이라 불리는 한국의 군은 이를 대비하고자 끊임없이 노력하고 있다. 육군 정보통신병과는 네트워크 운용을 통해 사이버전 주도권을 얻는 데 목적을 두고 있다. 정보통신병과는 이러한 지휘통신체계를 구축하고 효과적으로 이를 관리하여 다른 병과나 부대 간의 정보 소통이 원활하게 이루어지도록 하여 전장에서 승리하도록 지원하는 일을 한다. 이런 임무는 다른 전투병과 간의 효율적인 협력과 전략을 통해 전투력을 최대로 발휘하게 함으로써 필승 군대의 초석이라 하겠다.

전시에는 전장에서 벌어지고 있는 일을 영상, 음향, 전파 등을 이용하여 보고하고 상급 부대 지휘관은 이를 통해 실시간으로 전 군의 지휘와 통제를 효과적으로 할 수 있다. 따라서 정보통신은 전투에 있어서 생명과도 같은 중요성을 가지고 있으며 정보력의 효율성 여하에 따라 전투의 승패가 갈린다 하겠다. 정보통신병과는 바로 이러한 업무를 수행하기 위하여 정보통신망을 최대한 효율적으로 유지·관리하고 네트워크와 컴퓨터 시스템의 파괴나 정보가 유출되는 것을 방지하는 정보 보호 활동을 담당한다.

그래서 멀리 떨어져 있는 군부대에 까지 정확한 정보를 제공하기 위해서 신속한 통신망을 구축해 나가는 것이 이 병과의 주된 임무이다. 과거에는 음성 위주의 정보를 전달하였지만 앞으로는 다양한 형태의 정보를 실시간을 전달하기 위하여 다른 병과나 타 군과 함께 연합 훈련을 하고 있다.

미래의 전쟁은 네트워크중심전이라고 예상되기 때문에 전자통신 병과의 임무가 더욱 막대해지고 있다. 그래서 가상의 해커를 만들고 실질적인 사이버 공격과 방어를 훈련한다. 체계적이고 실질적인 훈련으로 24시간 언제든지 자행될 수 있는 사이버 공격으로부터 군의 정보체계를 완벽하게 보호할 수 있게끔 하는 것이다.

정보통신, 전자, 컴퓨터 관련학과 또는 통계 정보학 등의 학과를 전공한 자를 우선적으로 선발한다.

77

항공

공군과 달리 육군 항공병과는 주로 헬기를 이용하여 적을 공격하거나 빠른 기동력과 민첩성을 이용하여 적의 접근을 경고하고 다른 지상부대의 작전을 돕는 군인들이다.

항공병과의 주요 임무는 헬기를 전투에 운용하는 것으로, 헬기를 조종하고 정비하며 관제하는 일을 한다.

항공병과의 장교는 육군항공학과에서 선발하고 항공장교 양성반 교육을 통해 전투 조종사로 양성된다. 부사관으로는 항공 준사관을 선발하여 일정한 교육 훈련을 거친 뒤 조종사로 배출한다. 운항 관제 및 항공정비 특기를 가진 부사관은 단계별 전문 교육을 이수하게 하여 각 세부 분야의 전문가로 양성하는 것이다.

헬리콥터는 실질적으로 높은 고도로 운항을 하기보다는 낮은 고도 운항을 하며, 보병의 수송이나 근접 항공 지원 등을 맡기 때문에 공군보다는 육군과 해병대에서 주로 운용한다. 해군의 경우에는 수송 외에도 잠수함 탐색에 사용하는 경우도 있지만 공격용과 병력 수송에 주로 사용되기 때문에 육군과 해병대 소속이 많다.

제대한 민간인이나 하사 근무를 2년 이상한 부사관은 항공준사관 응시가 가능하며 항공 장교와 마찬가지로 조종사 양성과정을 수료한 후 항공부대에서 조종을 전문으로 교육받은 뒤 임무를 수행하게 된다.

헬기조종사, 정비사, 관제사는 관련 자격증을 가지고 있어야 하며 헬기 · 항공기 조종학과나 정비 관련학과, 항공기 운항관제 관련학과 등에서 이를 준비할 수 있다.

▲ 대한민국 육군의 대표적인 기동헬기 UH-60 블랙호크(Black Hawk).

▲ 대한민국 육군의 공격헬기 중 하나인 AH-1 코브라.

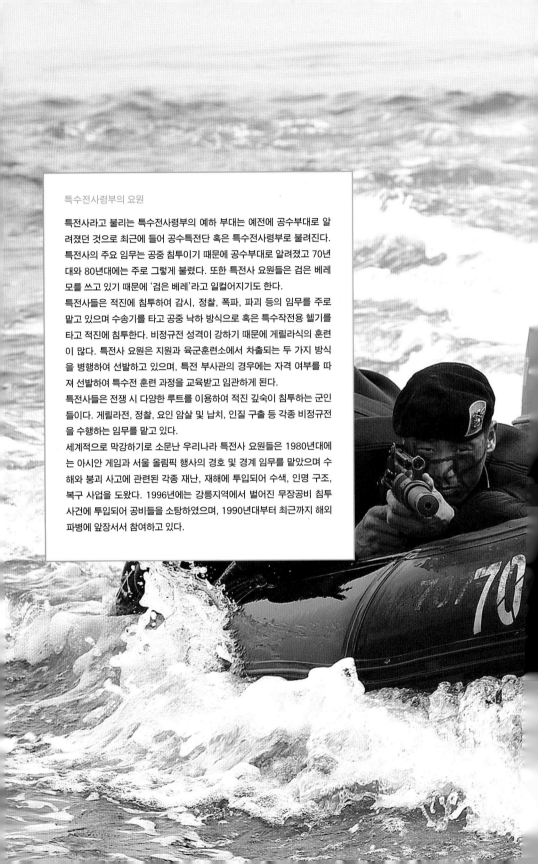

특수전사령부의 요원

특전사라고 불리는 특수전사령부의 예하 부대는 예전에 공수부대로 알려졌던 것으로 최근에 들어 공수특전단 혹은 특수전사령부로 불려진다. 특전사의 주요 임무는 공중 침투이기 때문에 공수부대로 알려졌고 70년대와 80년대에는 주로 그렇게 불렸다. 또한 특전사 요원들은 검은 베레모를 쓰고 있기 때문에 '검은 베레'라고 일컬어지기도 한다.

특전사들은 적진에 침투하여 감시, 정찰, 폭파, 파괴 등의 임무를 주로 맡고 있으며 수송기를 타고 공중 낙하 방식으로 혹은 특수작전용 헬기를 타고 적진에 침투한다. 비정규전 성격이 강하기 때문에 게릴라식의 훈련이 많다. 특전사 요원은 지원과 육군훈련소에서 차출되는 두 가지 방식을 병행하여 선발하고 있으며, 특전 부사관의 경우에는 자격 여부를 따져 선발하여 특수전 훈련 과정을 교육받고 임관하게 된다.

특전사들은 전쟁 시 다양한 루트를 이용하여 적진 깊숙이 침투하는 군인들이다. 게릴라전, 정찰, 요인 암살 및 납치, 인질 구출 등 각종 비정규전을 수행하는 임무를 맡고 있다.

세계적으로 막강하기로 소문난 우리나라 특전사 요원들은 1980년대에는 아시안 게임과 서울 올림픽 행사의 경호 및 경계 임무를 맡았으며 수해와 붕괴 사고에 관련된 각종 재난, 재해에 투입되어 수색, 인명 구조, 복구 사업을 도왔다. 1996년에는 강릉지역에서 벌어진 무장공비 침투 사건에 투입되어 공비들을 소탕하였으며, 1990년대부터 최근까지 해외 파병에 앞장서서 참여하고 있다.

화생방

　화생방병과는 화학, 생물, 핵, 방사능전에 대비하는 임무를
지닌 병과이다. 적이 독가스나 세균과 같은 무기로 공격할 경우
그 미치는 영향과 범위를 예측하고 판단하는 일을 할 뿐만 아니라
오염된 지역을 정화하는 역할도 맡고 있다.
　또 그러한 공격이 있을 경우 그 지역에 신속히 출동하여 피해를
방지하고 확산을 막는 등의 일 또한 화생방병과의 업무이다.
전시에는 연막작전을 통해 적의 육안 및 적외선 감시 장비의
관측을 방해하는 일을 맡기도 한다.
　전장에서는 일반적으로 병과 별로 기능을 연계하여 임무를
수행하게 되지만 화생방이 벌어지면 화생방병과를 제외한 모든
군이 그 지역에서 빠져나가게 된다. 아군의 피해를 최소화하기

위해서이다. 화생방병과만이 그곳에 남아 작전을 펼치게 되며
화생방 오염으로부터 개인을 보호하고 시설물을 방호하는 일을
하게 된다.

　화생방병과하면 언제나 떠오르는 것 "가스" 그리고 "알아야
산다"는 구호일 것이다. 이는 화생방병과의 구호인데 전투에서
우리의 생존성을 높여 준다는 의미가 있다.

　생존성을 위한 구호를 가진 병과는 화생방병과가 유일하다.
화학, 화공계열의 생물학과, 미생물학, 물리학과 계열이나
원자력공학, 고분자공학과와 같은 이공계열에 병과의 우선순위가
주어진다.

병기

　군인들이 사용하는 무기와 차량들은
지속적인 정비와 수리가 필요하기 때문에 이를
전문적으로 맡아줄 병과가 필요하다. 이에
관련된 것이 바로 병기병과이다.

　병기병과가 맡게 되는 임무는 육군이
지상에서의 공격과 방어를 할 때에 장비와 탄약
등을 지원해주는 일과 작전을 수행하면서
발생되는 피해 장비와 물자를 수리하고
후송하는 일이다. 미래전은 과학기술전쟁으로
무기체계의 성능 보장이 승패를 좌우하며 이는
병기병과의 책임이다.

　장비를 정비하는 데에 관련된 체계, 정비와
수리를 하는 부속 관리, 각종 전투별 장비의
작동 원리 및 관리법 등을 이해할 필요가 있다.
방공장비·레이더 등을 정비하는 방공
유도무기정비, 대포·전차·장갑차·차량 등을
정비하는 화력 기동장비정비,
통신장비·전자전장비 등을 정비하는
통신전자정비로 특기가 나누어진다. 그 외에도
화학장비·의무장비·기계공작장비 등을
정비하는 일반장비정비, 탄약 관리 및 정비를
실시하는 탄약 등의 세부 특기를 가지고
군인들은 병기병과에서 일하게 된다.

　기계공학, 금속공학, 신소재 관련학과
학생에게 병과 선발의 우선 순위가 주어지며
기계분야의 가스용접기능사, 건설기계기사,
고압가스기계기능사, 금속재료산업기사,
기계기사, 밀링·선반기능사 등과 같은
자격증도 유용하다. 정비 분야에서는
궤도장비정비기사, 농기계정비기능사,
중기정비기능사와 같은 자격증을 인정해주며
정보통신분야의 무선설비기능사,
무선통신기능사, 유선통신기계기능사,
정보처리기사 등도 가능하다. 자동차 분야의
자동차검사기사(기능사),
자동차정비기사(기능사) 또 그 외의
비파괴기능사, 산업안전기사, 물류관리사,
품질관리기사, 화약류관리기사,
화약류취급기능사도 이 병과의 우선 순위에
인정되는 자격증이다.

병참

병참병과는 쉽게 말해 병참 물자를 관리·보급하는 임무를 맡는다. 군인들이 임무를 수행하는데 필요한 물자를 공급하여 부대의 전투력을 높이는 일을 담당한다. 보통 보급병이라 부르기도 하며 창고 관리를 하는 것이 주요 임무이다. 탄약과 무기, 축성 자재 등을 각 부대에 지원하며 파괴된 각종 물자를 회수하는 일을 한다. 이는 부대의 전투력을 유지 증대시키는 데에 꼭 필요한 일이다.

군인들에게 지급되는 음식, 생활에 필요한 물품, 군 생활이나 훈련에 사용되는 휘발유나 경유 등을 신속하면서도 효과적으로 지원하여 전투부대가 오직 싸워 이길 수 있도록 모든 물자를 지원하는 역할을 한다.

군 보급품은 종류에 따라 1종부터 10종까지 분류되며 보급병은 이 중 하나를 담당한다. 1종은 식자재와 부식, 2종은 의류와 개인 장구류, 생활 보급품이다. 3종은 유류이며 4종은 공사자재에 포함되는 목재와 페인트이다. 5종은 탄약, 6종은 PX물자이다. 7종은 전투장비이며, 8종은 의무 물자, 9종은 수리 부속, 10종은 그 외의 기타물품을 포함한다.

군에서 사용되는 물자는 민간에 유출되어서는 안 되는 군전용 물자이기 때문에 사소한 모든 것들도 보급병의 관리 아래 폐기처리한다.

병참부대는 이러한 물자의 보급 외에도 군 생활에 관련된 급식, 세탁, 목욕 등에 관련된 업무도 맡고 있으며 이와 관련한 예산을 획득하고 그에 관련된 계약을 체결하고 집행한다.

병참병과에 포함되는 특기병에는 조리병이 있는데 군부대의 모든 장병들에게 식사를 제공하기 위해 재료를 다듬고 요리하고 배식하는 일을 맡는다.

병참병과에서 일하는 병사들은 주로 전시를 대비하여 물자의 개수와 정리정돈 및 위치 상태를 점검하고 훈련이 끝난 후 정비하는 일 등을 하게 된다.

경영·관리학과, 경제학과, 식품공학과, 식품영양학과의 전공자에게 우선 순위를 부여한다.

수송

수송병과에서는 각종 수송 수단을 이용하여 인원과 물자를 실어 나르는 일을 한다. 육로와 철로, 항공과 수로 등 모든 방식의 운송을 관할하게 되며 이동 장병의 안내, 호송과 수송지원 등 병력과 화물을 수송하는 임무를 갖는다.

수송을 위한 물자와 운전병에 관한 관리 역시 수송병과의 일이며 야전부대의 운전병 양성, 군 작전도로 및 철도에 대한 이동관리와 통제의 임무도 지닌다.

수송부대는 전시에는 작전 부대가 원하는 시간과 장소에 전쟁에 관련된 물자들과 병력을 옮기는 일을 맡게 되며 아군과 적군 지역의 도로 상태와 부대 이동 상황 등과 같은 도로의 세부적인 정보를 제공하는 일을 맡는다.

전투자원이 효율적으로 운용될 수 있도록 계획하고 많은 부대에 군수물자를 차질 없이 제 때에 맞추어 수송할 수 있도록 이동 계획을 사전에 통제, 조정하는 일을 한다. 철도와 항만을 이용하여 물자를 운송하는 업무를 감당하는 것 또한 수송병과가 맡는 일이다. 전쟁 시 육군과 해군, 공군이 함께 전투를 하기 때문에 항만을 통하여 물자를 수송하는 업무 또한 매우 중요하다. 항만에서는 화물을 적재하기 위해 각종 선박과 관련된 기계를 다루며 그에 관련된 정비도 맡게 된다. 또 화물 및 보급품을 내리는 데 관련된 전반적인 일을 맡으며 화물의 수량을 파악하고 파손의 유무를 확인하는 일도 하게 된다.

우리나라 철도는 국방상의 목적을 강하게 띄는데 이는 물자 이동에 철도가 용이하기 때문이다. 주요 군수화물을 취급하는 역이 있어 항공유, 탄약 등과 같은 것들을 실어 나른다. 이와 관련된 업무 역시 수송병과의 일이다.

쉽게 떠올릴 수 있는 수송병과의 특기병은 바로 운전병이다. 이들은 운전뿐만 아니라 자신이 운용하는 차량의 정비도 담당하게 된다. 이와 같이 차량 운전 및 정비를 담당하는 수송 운용뿐만 아니라 항만 근무지원 임무를 담당하는 항만 운용과 군 작전도로 및 철도에 대한 이동관리 및 통제 임무를 수행하는 이동관리를 맡는 특기병도 수송병과에 포함된다. 이 병과에서는 배차 관리 시스템을 관리하는 일도 한다.

교통공학, 기계공학, 기관학, 물류학, 유통학, 자동차·전기공학, 전자·조선·컴퓨터공학 관련학과 전공자 및 자격증 소지자가 우선 순위로 선발된다.

▲ 수송용 헬기인 시누크(CH-47).

▲ 작전에 필요한 물자를 운송하기 위해 트럭에 싣고있는 모습.

03

인사행정

인사행정병과는 군의 인사행정에 관련된 일을 맡는다. 준/부사관과 병, 군무원의 인사관리 · 상훈 및 포상행정, 기록물 보존 및 관리, 전사망자 처리 및 군사우편, 여권의 발급을 비롯한 해외 공무업무 등이 대표적이다. 군에서 시행하는 국가기술자격검정도 부관병과에서 담당하고 있으며 이전까지는 군악도 담당했으나 2013년 12월 말부터 군악은 정훈병과로 이관되었다. 그 외에 군대 내의 도서관과 역사관을 관리하는 업무도 맡는다.

훈련이나 작업에서 자주 열외되어 사무실 안에서 컴퓨터와 씨름하는 병과라 생각하는 사람들이 많지만 정신적 스트레스가 많은 병과이다. 특히 상급부대와 조율하는 일이 많기 때문에 수직관계로 이루어진 조직의 구조상 어려움을 겪는 일이 자주 있다.

인사행정병는 부관병과에서 명칭이 변경되었다. 변경 후에는 인력 획득, 인사근무, 제대군인 지원업무 등 현역과 예비역에 대한 모든 인사행정 업무를 맡고 있다.

행정학, 기록관리학, 문헌정보 관련학과 전공자가 우선적으로 선발되는 병과이다.

헌병

군은 일반 사회와 격리되어 있는 공간으로 군대 내에서 경찰의 역할을 하는 것이 헌병이라고 생각할 수 있다. 헌병은 군내의 법과 규정을 집행하는 일을 맡는다.

이를 통해 군의 기강 및 법질서를 유지하는 역할을 하며 전투지원부대로 일하기도 한다.

헌병은 군대 내부의 질서 유지 및 군기 확립을 위하여 법률이나 명령을 시행하는 일을 한다. 이는 부대의 전투력과 직결되는 문제이기 때문에 아주 중요하다. 또한 군과 관련된 범죄의 예방과 수사 활동, 군 사법관할지역에 있는 범인의 체포와 군대 내의 교도소 운용을 맡는다. 또 도로 표지와 교통 통제, 포로의 관리와 후송, 억류, 군사시설과 정부 재산 보호 등이 주요 업무이다.

헌병은 작전 지역의 치안을 유지하기 위한 순찰 활동을 하며 계엄 시 치안 활동을 통해 군기 및 법 질서를 유지하는 일을 한다. 군사작전에 필요한 정보를 제공하는 일 또한 헌병병과의 임무이다. 실시간 지역 정찰과 전술 첩보 및 범죄 첩보를 수집 처리하는 등의 활동을 하며 수집된 정보를 병과 부대가 이용하여 효과적으로 전투력을 발휘할 수 있도록 돕는 일을 한다.

또, 일반 사회의 경찰과 같이 24시간 동안 군내에서 벌어지는 각종 사고와 소란스러운 일들을 해결하고 과학적 조사를 통하여 엄정하게 해결하도록 한다. 군인과 군무원 관련 각종 범죄, 공사나 방산분야, 군납 비리와 같은 직무와 관련된 부정부패, 군 관련 사건사고 처리, 병영 내 폭행 및 가혹행위와 같은 문제들을 주로 다룬다.

헌병 중대의 핵심이 되는 부서는 헌병반이라고 하여 출입문을 통제하고 군기를 단속하며 면회실을 관리하는 부서가 있는데 이들은 부대 출입문이나 면회실을 드나드는 사람과 차량을 검문하는 일을 한다. 또 군인들의 복장 불량, 보행 중 음식을 먹는 등의 행위와 같이 군기 위반을 하는 것을 단속하고 위반이 심한 장병을 군기 교육대에 넘기는 일을 하기도 한다.

헌병 특수임무병은 대테러 전담 조직이다. 쉽게 말해 경찰특공대와 같은 헌병특공대 쯤 되는 군인들이다. 무술 유단자 등의 자격 조건을 요구하는 경우가 많으며 대테러 훈련장에 파견되어 훈련을 받기도 한다. 법정 질서유지 헌병은 군사재판이 열릴 때에 피고인을 감시하고 보호하는 일을 한다. 사이버 수사병은 군 관련 사이버 범죄를 예방하고 탐지하는 병사들이다. 이들은 군사기밀이나 대외비를 누설하거나 상관을 모욕하는 일들이 벌어지지 않도록 사이버 상에서 감시하는 일을 맡는다.

그 외에도 헌병 중에는 33경호병, MC승무헌병(싸이카 헌병), 수사 전문병, 사이버 수사병 등이 있다.

재정

군 역시 나라의 예산으로 운영되는 곳이기 때문에 예산을
정리하고 사용 출처를 밝혀 문서화하는 일을 맡을 인력이
필요하다. 이러한 일을 맡는 곳이 바로 재정병과이다. 재정병과는
육군의 창군과 함께 창설되었을 만큼 긴 역사를 가지고 있다.

재정병과에서는 각 부대에 관련된 예산을 획득하고 집행,
결산하는 일을 맡는다. 군인들의 급여와 퇴직금을 지급하는 일
뿐만 아니라 군 기관이나 시설물에 관련된 공사, 물품구매,
용역에 관한 입찰 및 계약 체결, 정산과 관련된 업무를 맡게 된다.

각 부대에는 집행되는 예산이 정해져 있기 때문에 사용하는
데에 부족하지 않도록 불필요한 예산을 없애고, 꼭 필요한 예산을
편성하는 일과 예하부대에서 원활한 사업추진이 될 수 있도록
재정적 여건을 마련하는 것이 재정병과의 목적이다.

재정병과는 출납장교, 급여장교, 예산장교, 회계복지기금장교,
계약장교 등의 장교로 나눠지며 경리업무담당관,
재정정보담당관, 급여관리관과 같은 부사관의 직책도 있다.

회계, 세무, 정책학, 전자상거래 및 전산세무회계 관련 학과
전공자를 우선적으로 선발한다.

정훈

군 역시 나라의 주요한 일부로써 국민들에게 군이 하고 있는 일이 무엇인지 알리며 신뢰를 얻을 필요가 있다. 국민들은 자신들이 내는 세금이 군으로 흘러들어가며 국가가 자신을 어떻게 보호하고 있는지를 알 권리가 있는 것이다.

정훈은 국민들에게 이러한 실상을 대외적으로 알려주는 일을 맡고 있다. 육군에 관련된 홍보와 공보활동을 통해 군인들의 활동상을 국민들에게 알려 신뢰와 지지를 얻게 하는 것이다. 국방 정책 및 활동, 안보 상황, 군의 발전상 등을 국민에게 전하는 일을 맡는데, 쉽게 말해 군의 신문사와 방송사와 같은 역할을 수행한다.

뿐만 아니라, 대내적으로 정훈병과는 군인들의 정신교육을 담당하는데 이를 통하여 바람직한 국가관과 군인정신을 갖게 함으로써 군기 확립에 일조하며 나아가 전투력 향상에 이바지 한다. 또한 교육을 통하여 장병들에게 적에 관해 정확하게 주지시킬 뿐만 아니라 전쟁에 대한 공포를 줄여서 사기를 진작시키는 일을 하는 것이다.

장병들에게 전쟁의 합리성과 당위성을 납득하게 하는 것 역시 전쟁 시에는 매우 중요한 일이다. 다양한 매체를 이용한 홍보 자료를 만드는 일 또한 정훈병과에서 맡게 된다.

과거에는 문선대를 조직하여 지역으로 다니며 군을 홍보하는 일을 하였지만 현대의 미디어 발전에 발맞추어 홍보 방식의 변화를 보이고 있다. 다양한 미디어를 이용하여 육군의 활동상을 국민들이 볼 수 있게끔 하고 있다.

기존의 부관병과에 속해있었던 군악대 역시 정훈병과로 이관되어 육군에 관련된 큰 행사에 참석해 육군의 자부심을 보여주는 일을 맡게 되었다.

정훈병과에서는 교육학, 신문방송학, 국민윤리, 한국학, 북한학, 방송미디어, 언론심리학, 정치행정 관련학과 전공자가 우선 순위를 갖는다.

의무

   전쟁이나 평상시에 발생하는 부상 군인의 생명을 구하고
아군의 전투력을 보존하기 위하여 군 의무시설에서 일하는
사람들로서 군의, 치의, 수의, 간호, 의무행정의 5개의 병과를
총칭하는 일반적 표현이 의무병과이다.

   의무병들은 신속하게 환자를 치료하기 위하여 응급처치,
환자후송, 환자 관리, 의무 보급 및 정비지원 등을 하며 환자가
발생된 후부터 치료가 완료될 때까지 각 병과부대를 지원하게
된다. 이러한 의무병과의 활동은 군의 사기를 높이는 역할을 할
뿐만 아니라 전투력의 손실을 최소화시키게 된다.

군의

　군의병은 쉽게 말해 군 내의 의사라고 생각할 수 있다. 몸을 쓰는 일이 많은 군대에서는 끊임없는 훈련과 전시를 대비한 일촉즉발의 상황들이 있기 때문에 사고가 끊이지 않으며 그로 인한 부상자들도 늘 발생된다. 그로 인해 이들을 치료하는 의사 역시 필수적이다.

　군의병과는 군내에서 발생되는 응급상황에서 생명을 구하는 일을 맡고 있다. 뿐만 아니라 군내에서는 많은 사람들이 같은 공간에서 생활하기 때문에 전염병이 쉽게 퍼질 위험을 안고 있다. 그렇기 때문에 군의병은 전염의 위험이 있는 질환에 대한 치료와 감영성 질환의 예방 및 치료에서도 그 역할을 다 하고 있다.

　장병들의 건강관리와 보건에 대한 업무, 국제 의료지원단 파병활동의 임무 역시 군의병과의 일이다.

　일반 전문의, 응급의학 전문의, 기초의학 전문의, 신경과 전문의, 정신과 전문의, 마취과 전문의를 비롯해 약 30여 가지의 전문의가 군의병과에 지원할 수 있기 때문에 전문성을 지닌 치료가 군내에서도 가능하게끔 한다.

　국방의료체계에 대한 교육, 의무 장비 및 물자 보급의 이해, 군의관 실무 등의 교육을 받으며 상황에 따라서는 군 외의 환자 진료 업무를 맡기도 한다. 군의병과와 관련된 학과는 의과대학 의학과이며, 의사자격증을 소지하여야 한다.

치의

    치아에 관련된 어려움이 생긴 군인의 경우, 아무 때나 나가서 치료를 받을 수 없기 때문에 군내에 치의병과가 존재한다. 치의병과는 군 장병을 위한 치과 진료를 맡으며 군내의 치과 의료정책 연구와 발전에 관련된 일을 하게 된다. 군의병과와 마찬가지로 국제 의료지원단 파병활동을 하기도 한다.

    치주과 전문의, 구강진단 전문의, 예방치과 전문의, 교정과 전문의, 소아 치과, 일반 치과의 등과 같이 전문적이고도 구체적으로 특기가 구분되어 있기 때문에 효율적인 치과 치료가 가능하다.

    국방의료체계에 대한 교육, 의무 장비 및 물자 보급의 이해, 군의관 실무 등을 통하여 진료 임무 수행능력을 키우게 된다. 군의관, 치과반장, 치과 부장 등의 직책을 가지며 장교는 치의학과와 치의학 전문대학원 출신으로 치과 의사 면허증이 요구된다. 부사관의 경우에는 치위생과를 졸업하고 치위생사 면허증을 소지하면 가능하다.

수의

　수의병과를 생각하면 군내의 동물과 관련된 일만을 맡을 것이라 생각하기 쉽다. 물론 수의병과는 군견이나 군마와 관련된 일을 맡고 있기도 하지만, 그 외에도 군인들을 위해 납품되는 식품의 검사와 수질 검사와 같은 임무를 통해 장병의 먹거리에 대한 안전관리를 담당하고 있다. 또 전시나 평상시의 혈액 관리를 맡는 것도 수의병과의 일이다. 다른 의무병과와 마찬가지로 국제 분쟁지역에 대한 수의근무 관련 파병활동을 하기도 한다.

　수의병과는 군용동물을 진료하고 각종 감염병 예방과 같은 업무를 담당한다. 군견훈련소에서 군견의 번식과 교육훈련, 해외 파병부대의 군견 지원과 같은 임무를 맡고 있으며 말을 사육하고 진료하는 일도 맡는다. 군견 한 마리가 할 수 있는 일은 굉장히 다양하기 때문에 군에서는 군견을 건강하게 유지 관리하는 일을 중요하게 생각한다.

　수의장교는 사단의무대 방역장교, 군견훈련수 수의관, 복지단 검수관, 식품검사대 검사장교, 국군의학연구소의 검사관 등으로 보직되며, 대위가 되면 식품검사반장, 의학연구소 진료반장, 육군사관학교 군마대장, 군의학교 수의학 교관 등을 맡게 된다.

의정

    의정병과는 장병들의 건강 상태를 높이고 질병을 예방하는
것과 관련된 일 뿐만 아니라 환자를 치료하고 후송하며 입
퇴원하는 등의 원무 행정의 임무를 맡는다. 또 병원과 야전
외부대를 운영하며 군 보건사업의 업무도 의정병과의 일이다.
임상병리, 방사선, 약제, 재활치료를 담당하는 보건 근무의
기능과 의무 장비 및 물자와 의약품 등을 보급하는 의무 군수
기능, 의무정책 및 기획의 기능, 일선 부대의 응급처치 기능을
담당한다.

    군의관과 간호장교의 손이 닿지 못하는 외각 지대의 군의 경우
의정병과의 역할이 더욱 중요하다. 대부분의 의정병과 간부들은
응급처치 능력을 보유하고 있다.

    군의, 치의, 수의, 간호병과와 긴밀한 관계를 맺고 있으며 관련
전공으로는 보건, 위생, 의료, 병원 경영학과 등과 관련된 분야와
식품, 환경, 섬유 원자력과 관련된 학과들이 우선 순위를 갖는다.

    약사, 간호사, 방사선사, 간호사, 임상병리사, 응급구조사,
물리치료사, 의무행정사 , 병원행정사 등의 자격증도 유용하다.

간호

간호병과는 높은 수준의 전문 간호를 통해 장병의 건강을
이끌고 이를 통한 군 전투력 보존을 가능하게 하는 임무를 갖고
있다. 의료시설에서 근무하며 입원환자의 병실을 지킬 뿐만
아니라 분야별 전문 간호를 맡기도 한다. 병원 내 의료용품을
구매, 제작, 보급하는 중앙공급과를 운영하며 의료서비스를
제공하기도 한다. 장병들의 건강 증진 업무 또한 간호병과의
일이다.

금연클리닉을 운영하고 절주운동과 비만관리를 위한 노력을
돕고 있다. 뿐만 아니라 대민 의료 지원을 통해 민간인의 건강을
보살피는 일을 하기도 한다.

군 병원에서 일하는 간호장교는 24시간 3교대로 입원 환자의
병상을 돌보게 된다. 환자실과 수술실, 정신과, 응급실에서
자신의 전문성을 발휘하는 이들도 있다. 외래간호장교의
경우에는 외래 환자를 위한 진료 안내와 건강 정보를 제공하게
된다. 간호병과는 계급이 높아도 지휘관이 될 수 없는 병과 중
하나이지만 여군의 경우 간호장교 출신의 장군이 있다.

해외 파병 근무를 하기도 하지만 대체적으로는 수도병원과
같은 군 병원과 사단 의무대의 의무실, 학교 기관 및 정책
부서에서 간호병의 임무를 맡는다. 간호사 면허를 보유하거나
취득 예정자일 경우 가능하다.

군종

군종 병과는 치열한 6 · 25전쟁 가운데 한 한국인 카투사가 '성직자가 군에 들어와 전투에 임하는 장병들의 가슴에 신앙의 철판을 심어 무장시키고 기도로써 죽음의 두려움을 없앨 수 있게 해 주옵소서'라는 내용의 진정서를 당시 대통령이었던 이승만에게 건의함으로써 논의되기 시작하였다. 그 후 각 종교가 그 필요성을 주지하면서 군종병과가 지금의 모습에 이르게 된 것이다. 군종병과는 기독교 군종과 천주교 군종, 불교 군종, 원불교 군종으로 나뉘어진다.

기독교의 군종장교는 성직자이면서도 참모장교로써 군의 정신력을 극대화 시키는 것을 목표로 한다. 장병들에게 정신적 · 영적 자양분을 공급해 줌으로써 신앙을 통한 전력강화에 기여할 뿐만 아니라 각종 종교 활동을 통해 신앙심을 고취시키고 죽고 사는 것에 관련된 생각들을 확립하는 일이다. 군종병과는 종교 업무, 교육 업무, 선도 업무, 대민 업무와 같은 4대 임무를 가진다.

군종 장교는 국방부의 인가를 받은 신학대의 신학과, 목회학과, 선교학과, 기독교 교육과 등 신학 관련학과를 졸업해야 한다. 그러나 부사관의 경우에는 종교와 무관한 학과를 전공해도 된다. 단 부사관의 경우에는 각종 전산 및 행정실무 자격증이 요구된다.

천주교 군종병과 장교가 되기 위해서는 국내의 각 교구에서 천주교 신부로 서품된 후 3년 정도의 사목 경험을 해야 한다. 또 각 소속 교구의 추천을 받고 군종교구가 선발하여 군종장교로 임관되는 과정을 가지고 있다. 특별히 해당되는 자격증은 없지만 교회법에 따라 교육을 받아야 하고 사제로 서품되어야 한다. 부사관은 이와 관계없이 행정 또는 전산 관련학과로 행정실무 자격증이 필요하다.

불교의 경우 불교 조계종 총무원이 종단의 군승선발 절차에 따라 선발한 뒤 국방부에 파견한 종단 내 승려가 이를 맡게 된다. 불교 군종병과의 장교는 초임 때에 연대급에 배치되며 각 사찰의 주지 업무를 보게 된다. 이들은 국군 장교의 일원임과 동시에 소속종단에서 파송된 성직자의 두 가지 신분을 동시에 수행한다. 불교학과, 선학과, 인도철학과 등의 전공이 요구되며 조계종단 승려자격증이 필요하다.

원불교의 경우에는 원불교 교무 성직증명이 필요한데 이는 원불교 학과를 졸업한 후 교무 1차 고시를 합격하고 대학원에서 석사과정을 마친 뒤, 2차 교무고시를 합격하여야만 부여된다. 이러한 정식 교무자격이 있는 사람만이 원불교 군종장교 지원 자격을 가진다.

법무

법무병과는 군사법원과 군검찰을 운영하며 군사법에 따른
군내 법치주의가 이루어지는 것을 임무로 한다. 군 관련
형사사건의 수사 · 기소, 군행형 업무 감독과 같은 군 검찰업무
수행은 물론 군사재판을 담당하는 군사법원 운영, 현역 장병 및
군무원의 비위 행위에 대한 징계위원회 운영, 국방 관계법령 해석
및 합의서 검토 등 각종 법제업무를 수행하고 국가배상 및 군과
관련한 각종 소송을 담당한다. 이를 통해 군장병들의 기본권이
보장될 수 있도록 한다.

법령의 제정과 개정, 해석 또한 법무병과의 일이다. 또 군과
관련된 소송과 배상 등의 사안에 있어서 그 업무를 수행하고 군법
교육을 통한 군 내 범죄 예방활동을 한다.

군법무관의 자격과 임명은 군법무관임용법에 규정되어 있으며
사법연수원의 소정과정을 마친 사람, 판사나 검사 또는 변호사의
자격이 있는 사람, 군법무관 임용시험에 합격하여
군법무관시보로 소정과목의 실무수습을 마치고 실무고시에
합격한 사람 중에서 임명하게 된다. 군법무관이란 군판사와
군검찰관을 의미한다. 이들은 군법회의의 판사나 검찰관으로
일하며 국선변호사가 될 수도 있다.

군 법무관에는 군에서 계속 근무하는 것을 직업으로 하는 장기
법무관과 병역 의무를 마치기 위해 임명된 단기 법무관이 있다.
이들은 9주간의 군사훈련을 받은 뒤 임관된다.

군법무관은 공익의 보호를 위해 일하며 군사 외교관으로
일하게 되는 경우도 있는데 육군 파병에 따른 작전 지원뿐만
아니라 군사조약 업무와 UN군 일원으로 참가하는 등의 방식으로
국제 업무를 맡기도 한다.

검찰관은 군대 내의 범죄를 수사하고 군사법원에 공소를
제기하는 것을 주요 직무로 한다. 이들은 검사가 사회 내에서
하는 일을 군내에서 하는 것이라 보면 된다. 군검찰부는
군사법원에서 검찰관의 사무를 맡아보는 것으로 일반 검찰청에

해당된다. 고등검찰부와 보통검찰부로 나뉘며 고등검찰부는 국방부의 각 군 본부에, 보통검찰부는 보통군사법원에 설치되어있는 부대와 장관급 장교가 지휘하는 부대에 두게 된다.

군사재판이란 군사법원이 군인, 군무원에 대하여 행하는 형사재판이다. 여기에는 사관생도나 사관후보생, 동원된 예비군도 포함된다. 육군은 사단급 이상의 부대에 49개의 보통군사법원을 가지고 있다. 군판사 2명과 심판관 1명으로 구성되는데 군판사는 군법무관이, 심판관은 해당 군사법원이 설치된 부대의 최고 지휘관이 임명하는 장교가 맡게 된다. 군사법원에서는 모든 피고인에 대하여 국선 변호인을 선정해준다.

군사재판과 관계된 법령으로는 군형법, 군사기밀보호법, 군사법원법, 군행형법, 군사법원의 소송절차에 관한 규칙 등과 일반 형사법령이 포함된다.

군법무관은 사법연수원 혹은 로스쿨 수료자 가운데 선발한다. 기초 교육을 마친 후 중위나 대위에 임관하게 되는 장교는 법무참모부 검찰관, 국선변호장교, 송무장교의 직책을 수행하게 된다.

하사에서 중사의 부사관은 법원서기나 검찰서기의 직책을 맡게 된다. 장교는 변호사 자격이 필요하며 부사관은 별도의 선발 전형을 통해 선발된다.

Part Three

Get a Job

육군 지원 자격

〈공통자격〉

연령은 입영연도를 기준으로 하여 18~28세 이하여야 한다.

〈학력〉

입영을 기준으로 중졸이상이어야 하며 기술 핵심 분야는
학력을 별도로 적용한다.

〈연령 및 신체조건〉

징병검사 결과 현역 처분자(1~3급)여야 하며 일부 특기는
신체조건을 별도로 적용한다.

평가 요소

　학사사관과 대학 군장학생으로 지원하여
장교로 선발될 경우에는 병과를 고려하지
않는다. 양성 교육 후 임관 때에서야 병과가
고려되는 데 이때에 비로소 전공학과를 따지게
된다. 장교의 병과 분류 우선 순위는 4년제
대학교에서 전공했던 학과이며 기사자격증,
전문대학교에서의 전공학과, 산업기사자격증,
기능사, 면허소지자의 순으로 이루어진다.

　그러나 전문사관, 여군사관의 경우에는 선발
단계부터 병과가 정해지고 준사관의 경우도
최초 선발 단계에서부터 이미 특기별로
정해진다.

육군사관학교

육군사관학교는 육군 내 장교를 양성하는 4년제 교육기관으로
화랑대라고도 불린다.

국방부의 육군본부 직할부대이며 1945년 군사영어학교로
시작하여 남조선국방경비사관학교, 조선국방경비사관학교로
바뀌어 불리다가 1948년 육군사관학교가 되었다.

군사교육 초기에는 일본식이 많았으나 점차 미국식으로
바뀌었다. 1998년부터는 여성 사관생도의 입학이 허용되어 그해
25명의 여학생이 입학하였다.

〈입학관련〉

1. 지원자격

- 3월 1일을 기준으로 만 17세 이상 만 21세 미만인 대한민국 국적을 가진 미혼남녀로 아래의 자격을 갖추어야 한다.
- 고등학교 졸업자, 졸업 예정자 또는 교육부 장관이 이와 동등 이상의 학력이 있다고 인정한 자(검정고시 합격자)
- 군인사법 제10조 2항에 의한 결격사유에 해당되지 않는 자
- 대한민국 국적과 외국 국적을 함께 가지고 있지 아니한 자
- 법령에 의하여 형사처분을 받지 아니한 자
  ※ 재판 계류중인 자는 판결 결과에 따라 합격을 취소 할 수 있음
- 각 군 사관학교 및 사관후보생 과정에서 퇴교당하지 아니한 자(신병으로 인한 퇴교 제외)
- 재외국민자녀 입학 세부시행 기준(국적보유 재외국민자녀중 수학능력 및 특정 자질이 우수한 자원에게 입학의 기회 부여)

2. 입시 시험전형

1차, 2차, 면접시험, 신체검사로 이루어진다.

3. 1차시험

1차 시험은 주로 7월 말에 이루어지며 도별 시험장에서 시행된다. 출제 과목은 국어, 영어, 수학이며 수학능력시험과 유사한 형식으로 출제된다. 문과는 국어와 영어, 수학 나형으로 치루고 이과는 국어와 영어, 수학을 가형으로 본다.

1차 시험 합격자는 모집 정원 기준의 남자 5배수, 여자 6배수이며 국어, 영어, 수학, 3과목의 표준점수를 합산 후 고득점 순으로 선발한다.

출제 범위

- 국어: 화법과 작문, 독서와문법, 문학
- 영어: 영어Ⅰ, 영어Ⅱ
- 수학
- 가형: 미적분Ⅱ, 확률과 통계, 기하와 벡터
- 나형: 수학Ⅱ, 미적분Ⅰ, 확률과 통계

4. 2차시험(적성)

　2차 시험은 1박 2일로 치러진다. 개별면접과 채력검정, 심리검사와 신체검사가 있으며 심리검사와 신체검사는 합격과 불합격으로만 판별된다.

　재외국민자녀의 경우에는 외국어 구두시험과 국사시험이 추가로 시행된다.

　신체검사는 육군규정 제161(건강관리규정)에 의해 실시하며 안과를 비롯한 총 8개과의 검사를 육사병원에서 담당군의관에 의해 실시된다. 신체 결함 부분은 담당전문의의 진단을 받아 신검 당일 완치상태로 응시해야 한다.

〈교육과정〉

　육군사관학교는 전공 과정을 문과계열과 이과계열로 구분하며
문과계열의 전공과정에는 국제관계, 경영학, 경제학, 군사사,
리더십, 지역연구가 있다. 이과계열의 전공에는 응용분석,
응용물리, 응용화학, 정보과학, 전자공학, 기계공학,
무기시스템공학, 토목환경공학이 있다.

1. 전공 관련 개설 과목
　■ 지역연구학과
　영어/외국어, 외국어작문, 외국어회화, 외국지역 정치사회연구,
　외국지역 군사연구, 중급 외국어, 외국지역 역사문화강독,
　외교정책론, 국제분쟁론, 지역학개론, 국제법

　■ 경제학과
　경제학, 미시경제학, 국제경제학, 국방경제학, 비용편익분석,
　거시경제학, 공공경제학, 환경경제학, 북한경제학, 계량경제학,
　산업조직론

　■ 리더십학과
　심리학, 리더십연구설계, 집단역학, 군대상담, 리더십의 주요
　문제, 조직행동론, 조직성원의 이해, 리더십 평가, 전장 리더십,
　행동관리, 조직변화의 리더십

　■ 군사사학과
　전사 및 사학 군사사방법론, 군사제도사, 군사고전의 이해,
　작전술/전역연구, 서양현대사, 한국군사사, 현대 전쟁 연구,
　동양현대사, 무기발달사, 전략론

▲ 육군기계화학교 내 시뮬레이터실의 모습.

■ 국제관계학과

정치사회 국제관계론, 국제분쟁론, 한미안보동맹론,
동북아지역연구, 외교정책론, 국제안보협력론,
한국국방정책론, 국제법, 국제기구론, 군비통제론

■ 경영학과

경영학, 경영과학, 경영정보시스템, 생산관리, 경영관리세미나,
조직행동론, 국제경영, 재무관리, 마케팅, 회계원리,
인적자원관리

■ 운영분석학과

수학, 해석개론, 확률정보론, 암호학, 의사결정론, 전산통계,
정보수학, 통계적방법론, 선형계획법, 이산수학, 수리통계

■ 응용물리학과

물리학, 무기체계와 물리, 고전역학II, 양자역학II, 고체물리,
고전역학I, 전자기학II, 열/통계물리, 군사응용광학, 전자기학I,
양자역학I

■ 응용화학과
화학, 유기화학/실험, 유기합성/실험,
무기화학, 환경화학, 물리화학I, 물리화학II,
분석화학/실험, 고급군사화학, 생화학,
생리화학

■ 전자공학과
전자공학, 회로망해석, 전자기학, 컴퓨터공학,
DSP, 신호와 시스템, 전자회로, 데이터통신,
자동제어, 반도체공학, 통신공학

■ 정보과학과
전산학, 자료구조, 데이터베이스,
컴퓨터네트워크, 멀티미디어, 컴퓨터구조,
운영체제, 인공지능, 정보보안,
프로그래밍언어, SW공학

■ 토목환경공학과
토목/환경, 환경공학/실험, 토양지하수학,
철근콘크리트 구조물설계, 수공학/실험,
구조역학, 토질역학, 상하수도공학,
토목CAD/실습, 측량공학

■ 무기시스템공학과
무기공학, 시스템공학, OR, 시스템설계,
국방M&S, 제어시스템, 신소재공학,
의사결정, 생산공정관리, 기동시스템,
화력시스템

■ 기계공학과
기계공학, 동역학, 재료역학, 기계설계,
기계공학실험/제작, 열역학, 유체역학, 제어
및 계측, 열전달, 전산기계공학, 기계진동학

2. 핵심 과정
■ 리더십
커뮤니케이션, 상담심리, 리더십론

■ IT
정보과학기술개론, 프로그래밍,
국방정보통신, 과학적 방법론, 통계학,
사회과학조사방법론

■ 영어
영어강독, 영어회화, 군사영어

3. 기초학문과정 관련 개설 과목
철학, 헌법, 국사, 세계사, 작문, 경제학,
미적분학, 선형대수, 물리, 화학

4. 군사학, 체육관련 개설 과목
■ 군사학
군대윤리, 군사법, 미래정보전, 방호공학,
군사지리기상, 세계전쟁사, 한국전쟁사,
군사전략, 북한학, 국가안보론, 국방경영,
무기체계, 워게임

■ 체육

태권도, 트레이닝방법론, 권투, 수영, 순환체력단련, 육상/근력,
무도선택

〈졸업 후 진로〉

　육군사관학교의 생도들은 졸업과 동시에 군사학사외에도
자신의 전공에 따라 문과계열은 문학사를 이과계열은 이학사나
공학사 중 한 가지를 받기 때문에 2개의 학위를 동시에 취득하게
된다.

　또 졸업 후 육군 소위로 임관하게 되며 계급별 군사훈련의 수료
후 야전부대에서 자신의 직책을 수행하게 된다. 임관 시 생도는
전공에 관련 없이 보병, 포병, 기갑, 정보, 공병, 통신, 항공, 방공의
8개 병과 중 하나를 선택한다.

　1년 후 병기, 병참, 수송, 경리, 의무, 부관, 헌병 등의 다른
병과로 변경 할 수 있다.

　국내외 대학원에서 위탁교육을 받기도 한다. 등록금은 모두
국방부에서 지원하며 전공은 사관학교의 것을 고려하게 된다.
일반학과의 지원도 가능하다.

　의무복무기간은 10년이며 본인이 희망하는 대로 5년차에
전역도 가능하다.

육군3사관학교

 정예장교 육성을 위하여 마련된 군사훈련학교로 1968년에
세워졌다. 육군사관학교와는 다른 입학체계를 가지고 있다.
2·3년제 전문대학을 졸업한 후 육군 3사관학교에 입학하는
방법과 4년제 대학의 2학년을 끝낸 뒤 편입하는 방법으로 입학이
가능하다.

〈입학관련〉

1. 지원자격

- 대한민국 국적을 가진 미혼남녀로 만19세~25세
  미만이어야 한다.
- 4년제 대학은 2학년 이상 수료하였거나 수료 예정자로
  수료일 기준 재학 중인 대학의 2학년 수료학점을 취득한 자
- 2년제 대학 졸업자 또는 졸업예정자
- 3년제 전문대는 3년 졸업자 또는 졸업 예정자
- 학점은행제는 전문학사(80학점) 취득자, 학사학위 취득
  신청자 중 전문학사 이상 학위 취득자 또는 전문학사이상
  취득 예정자
- 위와 동등 이상의 학력이 있다고 교육과학기술부 장관이
  인정한 자
- 군 인사법 제10조에 의거 장교 임관 자격 상 결격사유가
  없는 자 ※ 현재 복무중인 현역병 및 부사관 지원 가능
- 육군 현역병 / 부사관은 해당부대 "대대장급 지휘관" 추천을
  받은 자
- 타군 및 전투·의무경찰은 해당 군 "참모총장, 경찰서장"의
  추천을 받은 자

2. 1차시험

- 전형방법 : 서류전형(대학성적, 대학수학능력성적, 고교내신성적)
- 가산점 적용

- 1차 선발시 최고 9점까지 부여
- 무도(태권도, 유도, 검도) 유단자, 외국어(영어, 일어, 중국어, 프랑스어, 스페인어, 아랍어, 베트남어, 러시아어) 우수자, 전산(PCT, 컴퓨터활용능력, 워드프로세스) 자격증 소지자

3. 2차시험
- ■ 전형방법 : 선발고사(영어, 지적능력검증도구)
- ■ 대상 : 1차 합격자 전원
- ■ 선발방법 : 1차 성적(서류심사 결과)과 2차 성적(선발고사)을 합산하여 고득점자 순으로 선발

4. 3차시험
- ■ 장소 : 육군3사관학교, 1박 2일 간
- ■ 면접 : 신체조건, 성장환경/지원동기, 집단토론, 심리/ 성격검사, 종합판정
- ■ 체력검정(40점)
- ■ 평가종목 : 1.5km(1.2km)달리기, 윗몸일으키기, 팔굽혀펴기
- ■ 윗몸일으키기, 팔굽혀펴기는 제한시간 2분 동안 실시한 횟수 기준
- ■ 1.5km달리기 4급 미만(7'29") 자는 불합격 처리
- ■ 총점 대비 60% 미만(12점) 점수 획득 인원 불합격 처리

5. 시험일 제출 서류
- ■ 신원진술서 3부
- ■ 자기소개서, 가족소개서, 지원동기서 각 3부
- ■ 가족관계등록부(기본증명서, 가족관계증명서, 주민등록등본) 각 3부
- ■ 신체검사 문진표, 건강생활 설문지 각 1부

〈교육과정〉

■ 핵심교양

한국사, 구어영어, 군사영어, 전산정보처리론

■ 전공 기초

사회조사방법론, 화법과 논술, 자연과학, 전공수학

■ 전공 선택

각 학과별 14개~16개 과목 선택 이수

인문사회계열학과	이공계열학과
국방경영학과	기계공학과
국제관계학과	전자공학과
행정학과	건설환경학과
지역연구학과(영어전공)	무기시스템학과
외국지역연구학과(일본/중국/프랑스어)	정보공학과
리더십학과	
군사학과	

■ 군사학 필수

군대와 윤리, 무기체계, 국가안보론, 전쟁사, 교육관리론,
현대전쟁연구, 군사법, 심리상담

■ 군사 선택

손자병법, 군 상담기법, 군 환경관리, 화생방의 이해, 위게임, 핵
및 레이저공학, 비살상무기, 병기공학개론, 미래정보전,
군사지리 및 기상, 국방 경영, 군수관리론, 국방경제론,
군사혁신, 민군관계론, 국방재난행정론, 커뮤니케이션, 전쟁론,
북한학, 군사전략론, 고급 군사영어

■ 일반 선택/체육

토익, 전산, 군대체육, 태권도, 체력 단련, 축구, 농구

〈졸업 후 진로〉

졸업 시에 군사학사는 공통적으로 학위를 받으며 자신의 전공에 따라 문학사, 공학사, 이학사 중 한 가지를 더 받게 되기 때문에 동시에 두 개의 학사 학위를 얻게 된다. 졸업 후 진로는 육사사관생도들과 다르지 않다.

전공과 관계없이 병과를 선택하여 육군 소위로 임관하게 되며 의무복무기간은 6년이다. 그 후에는 본인의 선택에 따라 장기 및 복무 연장을 지원할 수 있고 장기복무에 임명되었을 경우에는 직업군인이 된다.

국내외 대학원에서 국방부에서 지원해주는 돈으로 석/박사 학위를 취득할 수 있으며 교수나 군사전문가, 군사 외교관 등과 같은 전문인의 길로 진출할 수도 있다.

사관학교 교수

사관학교의 생도들을 가르치는 교수는 몇 가지 방식으로 선발된다.

첫째는 육사 출신의 학생을 학업의 길로 걷게 하여 실력을 쌓도록 도운 뒤 교수로 들이는 방식이다. 육군사관학교 졸업생 중 몇 명을 교수 요원으로 선발하여 소대장 생활을 마치면 국내 대학교에 편입을 시키거나 혹은 외국 유명대학원으로 보내 학업을 지원한다. 그 후, 돌아와 후배들을 가르치는 것이다.

둘째는 교수 사관이라고 하여 군복무를 대신하여 석사 이상의 실력을 갖춘 사람이 사관학교의 생도들을 지도하는 방식이다.

마지막은 민간인 내에서 교수 임용 공지를 통해 선발하는 방법이다.

육군사관학교는 최근까지도 군인이면서 교수인 군인 교수가 다수였으며 민간인 교수 선발은 거의 없는 편이었다. 그러나 전문성이 있으면서도 특화된 교육을 위해 민간인 교수 임용을 늘릴 예정이라고 밝힌 바 있다.

3사관학교의 경우 석사 이상의 학위를 가진 군인이 자신의 경험을 살려 교수로 학생들을 가르치는 경우가 많지만 두 번째와 세 번째의 경우도 육군사관학교 보다는 다수 있는 편이다.

학사사관 / 여군사관

학사장교는 1981년에 문무를 겸비한 장교 양성을 목표로 창설되었다.

학사 1기는 광주 상무대에서 임관하였으나 그 후부터는 육군 3사관학교에서 장교 양성교육을 받고 임관했다. 2011년까지는 육군 3사관학교에서 16주간의 장교 양성과정을 이수하고 소위로 임관했으나 2012년부터는 육군학생군사학교에서 훈련이 이루어지고 있다.

여군 사관은 2002년 10월 31일 여군학교의 폐지로 2003년부터 학사사관 양성과정에 통합되었다. 2013년까지 총 58개의 기수가 있으며 총 46,865명의 장교가 배출되었다.

육군학생군사학교는 육군학생중앙군사학교가 새롭게 재편된 것으로 기존의 학군단의 훈련을 위해 있던 육군학생중앙군사학교가 학군단 뿐만 아니라 학사와 여군 사관의 교육도 할 수 있는 곳으로 변경되면서 명칭도 바뀌었다.

육군학생군사학교는 다른 사관학교와 같이 학위에 관련된 곳이 아니라, 군대에서 필요한 전문 군사지식을 쌓고 장교화되는 실질적 교육을 받는 기관이다.

〈지원기준〉

지원 기준은 4년제 대학교 졸업자(예정자) 또는 이와 동등 이상의 학력 소지자(예정자)로서 임관일 기준 만 20~27세의 남성 사관후보생을 선발하게 된다.

여군사관의 경우에는 4년제 대학교 졸업자(예정자) 또는 이와 동등 이상의 학력 소지자(예정자)로서 임관일 기준 만 20~27세의 여성 사관후보생을 선발한다.

국가고시 합격자나 박사과정 수료자는 만 29세까지 지원이 가능하다. 학사사관과 여군사관은 육군학생군사학교에 함께 입교하여 교육받는다.

가. 사상이 건전하고 품행이 단정하며 체력이 강건한 사람

나. 임관일 기준 만 20세 이상 27세 이하인 사람

  1) 박사학위과정 수료자는 만 29세 이하인 사람

  2) 제대군인의 응시연령 상한은 복무기간 1년미만 1세, 1년이상~2년 미만은 2세, 2년이상
은 3세 연장한다.

다. 4년제 대학 졸업자 또는 법령에 따라 아래와 같은 수준의 학력이 있다고 인정된 사람

  1) 대학(산업대학ㆍ교육대학 포함, 대학원대학은 제외)에서 학칙으로 정하는 과정을 마친
사람

  2) 전문대학 졸업 후 전공심화과정에 입학하여 학칙으로 정하는 과정을 이수하여 학사학위
를 수여받은 사람

  3) 방송대학ㆍ통신대학ㆍ방송통신대학 및 사이버대학 학사학위과정의 4년 수업연한을 이
수하고 학사학위를 수여받은 사람

  4) 독학자로서 학위취득 종합시험에 합격하여 학위를 수여받은 사람

  5) 외국에서 우리나라의 초ㆍ중등교육과 대학교육에 상응하는 교육과정을 전부 이수한 자
로서 대학을 졸업한 자와 동등한 학력이 있다고 인정되는 사람

라. 응시 제한자격

  1) 군인사법 제10조 2항 장교임용 결격사유에 해당하는 사람

    (가) 대한민국 국적을 가지지 아니한 사람 또는 대한민국 국적과 외국국적을 함께 가지고
있는 사람

    (나) 금치산자 또는 한정치산자

    (다) 파산선고를 받은 사람으로서 복권되지 아니한 사람

    (라) 금고이상의 형을 선고받고 그 집행이 종료되거나 집행을 받지 아니하기로 확정된 후
5년을 지나지 아니한 사람

    (마) 금고이상의 형의 집행유예를 선고받고 그 유예기간 중에 있거나 그 유예기간이 종료
된 날부터 2년이 지나지 아니한 사람

    (바) 자격정지 이상의 형의 선고유예를 받고 그 유예기간 중에 있는 사람

    (사) 탄핵이나 징계에 의하여 파면되거나 해임처분을 받은 날로부터 5년이 지나지 아니
한 사람

    (아) 법률에 따라 자격이 정지되거나 상실된 사람

  2) 기타[육군규정 107 제3조]

    각 군 사관학교 및 사관후보생 과정에서 퇴교 당한 사람(신병 및 성적으로 인한 퇴교자는
제외)

〈교육 과정〉

　　육군학생군사학교의 장교 양성교육을 받게 되며 가입교 주를
제외하고 총 16주의 교육을 이수하게 된다. 소위로 임관 후 직무
보수교육이 각 병과학교에서 16주간 더 진행된다.

　　교육은 가입교, 군인화, 장교화의 단계로 이루어진다.

　　가입교 주에는 보급품 및 각종 장비 지급, 기본 제식, 군가,
각종 법규 및 규정, 내무교육 및 군대 예절 교육을 익히게 된다.

　　군인화 단계의 5주간에는 정신교육, 기초군사학, 화기학,
일반학의 교육과목을 바탕으로 제식훈련 및 정신교육, 사격,
화생방, 구급법 등 기초군사훈련, 체력단련을 배운다.

　　마지막의 장교화 단계에서는 정신교육, 전술학, 리더십,
교수법, 부대 지휘관리을 교육과목으로 하여, 소·중대전술,
독도법, 지휘통솔 관련 수업, 전방지휘실습을 교육 받는다.

　　장교 후보생과 부사관 후보생은 법에 의해 보수가 정해져 있다.
군인보수법 제20조 제1항은 "사관생도·사관후보생 등
장교후보생과 부사관후보생의 보수에 관하여는 대통령령으로
정한다."라고 규정하고 있기 때문에, 2022년 현재 사관생도
3학년의 봉급지급액과 같은 월 829,400원을 지급하고 있다.

〈교육 후 진로〉

　　학사장교 양성과정을 마치면 장교로 임관된다. 각
양성과정에서는 임관종합평가가 시행되는데 학사사관과
여군사관의 훈육 목표인 '올바른 가치관과 지휘력을 갖춘 장교
양성'에 맞추어 이루어진다. 성적 우수자는 임관식에서 대통령상,
국무총리상, 국방부장관상, 육군참모총장상, 육군교육사령관상,
육군학생군사학교장상을 수여받는다.

　　임관 후 병과학교에서 16주간 추가로 직무 보수교육이
이루어지며 다양한 학과를 졸업하고 학사 장교를 지원하는 만큼
선택 가능한 병과도 다양하다. 주로 학부 때 전공하였던 학과를

▲ 기초군사훈련 중인 여군의 모습.

고려하여 병과 분류가 이루어지며 전투병과와 비전투병과
중에서 선택한다.

학사사관 양성과정을 받고 임관하면 단기 사관의 경우에는
3년을 복무해야 한다. 장기 복무자로 지원하여 거기에 선발될
경우에는 영관급, 장성급 장군으로 진급하여 복무할 수 있게
된다.

학군사관후보생

학군사관후보생은 ROTC학군단이라고 부르기도 한다. 이는 Reserve Officers' Training Corps를 줄인 말이다. 미국의 초급장교를 육성하기 위해 시작되었던 제도이며 한국전쟁 후 군의 초급 장교의 부족으로 고민하던 가운데 도입되었다.

학군사관후보생은 대학교의 학생임과 동시에 장교가 되기 위한 후보생의 임무를 맡게 된다. 학군사관후보생의 경우에는 장교로 임관한 후의 복무기간이 다른 경우에 비해 짧다. 육해공군과 해병대에도 ROTC가 존재한다.

학군사관후보생이 처음 도입되었을 당시에는 18개 대학교에만 설치되어 있었으나 지금은 전국에 110개 학군단이 존재하며 후보생은 약 4,000여명 가량이다.

2010년에는 전국 7개 대학에서 여성 ROTC 60명을 선발하였다.

2022년 현재 숙명여대와 성신여대, 이화여대에서는 여성 학군사관후보생 과정이 운영되고 있다.

〈지원 기준〉

학군사관은 학군단이 설치된 전국 110개 대학의 학생들을 대상으로 모집하고 있다.

나이는 임관일을 기준으로 만 20~27세 이하여야 하며 평균 C학점 이상, 전체 수강 신청 학점의 80% 이상을 이수한 자라야 한다.

과거에는 2학년 재학생만 지원할 수 있었지만 새로 시행되는 사전선발제도를 통해 1학년 신입생도 지원할 수 있게 되었다. 그런데 5년제 학과가 생기고 복수전공제가 생겨 졸업 연도가 늦추어지는 학생들을 위해 5년제 학과나 복수전공 학생은 3학년 때에 지원할 수 있다. 물론 사전 선발의 경우에는 2학년 때에 지원해야 한다.

모집은 매년 3월에 이루어진다.

▲ 기초군사훈련 중인 모습.

〈교육과정〉

학군단을 지원하게 되어 합격하면 3 · 4학년 동계 및 하계 방학
동안 2~4주간 입영훈련이 이루어지므로 계절학기 수강이
어려워진다. 입단 이후 2년 4학기 동안 교내에서 총 175시간의
군사교육을 받으며 방학을 활용한 1번의 기초군사 훈련과 3번의
입영훈련을 거쳐 매년 3월 1일을 기점으로 임관한 후, 6월 30일을
기점으로 전역하게 된다.

기초군사훈련은 매년 12월말에서 다음 해의 2월까지 정식
학군사관 후보생이 되기 위하여 육군학생군사학교에서
이루어지는 훈련이다. 1차와 2차로 구분하여 3주 동안 진행되며
가장 기초적인 군사훈련과 후보생 생활 적응 프로그램 교육으로
이루어져 있다. 전투복 착용요령부터 총검술, 군인기본자세,
개인화기 사격, 경계, 행군 등을 하게 된다. 또 후보생 생활에
필요한 행동요령과 예절 등을 배우는 것도 이 과정에서
이루어진다.

매년 6월 말부터 8월말까지는 3학년 및 4학년 학군후보생들이
하계입영훈련을 받게 된다. 군인화와 장교화를 위한 교육으로

분소대전술훈련, 리더십 등을 배운다. 3학년은 3주, 4학년은 4주 동안 진행되며 장교로서의 부대 지휘능력과 리더십을 중점적으로 교육 받는다.

3학년 후보생들은 매년 12월 말부터 1월말까지 1차와 2차로 구분하여 2주 동안 진행되는 동계 입영훈련을 받는다. 장교화에 중점을 둔 훈련으로 기본 전투기술 숙달과 장교상의 확립을 위한 교육이다. 입단 전에 받는 기초군사훈련과는 내용이 다르며 교내 교육과 하계입영훈련 때 배웠던 것을 기초로 하여 실기실습을 위주로 하게 된다.

육군학군단은 매달 교보재 구입비를 받게 되며 이를 증명하기 위해 정해진 책을 읽고 독후감을 제출해야 한다. 방학 중 훈련이 있으면 훈련 성적에 따라 개인당 장학금이 지급된다. 후보생 기간 동안 단 한번만 주어지며 학군단 입단 성적과 군사학, 기초군사훈련 성적을 합산하여 지급된다.

〈졸업 후 복무 기간〉

복무기간은 2년 4개월이다. 육군이 아닌 해병대로 선택할 수 있는 기회가 4학년 때에 주어진다. 일단 해병대로 변경할 경우에는 의무복무기간이 4개월이 줄어든 2년이 된다. 원하는 병과를 정할 수는 있지만 근무 부대는 알 수 없다. 임관하는 장교를 필요한 인력에 따라 임의로 배정하기 때문이다.

전문사관

전문사관은 전문적인 기술이나 지식을 가지고 장교로
임관하며 전투병과가 아닌 특수병과에 속하는 이들을 말한다.
　각각의 사관학교에서는 전투병과의 장교가 양성되기 때문에
특수 지식이나 기술이 군부대 내에서 요구될 때에는 이러한
역할을 담당해줄 장교들이 필요하다. 대부분의 전문사관은
대학교와 대학원을 졸업한 병역 미필자들로 이루어져있다.
　전문사관은 1차 평가와 2차 평가로 이루어지며 1차에서는
전공평가가 2차 평가에서는 신체검사와 인성평가, 면접평가,
신원조회로 이루어진다.
　전문사관의 지원 자격은 임관일 기준으로 만 20~27세
이하여야 하며 학력은 국내외 대학 학사학위 취득(예정) 또는
법령에 의해 이와 동등 이상의 학력이어야 한다. 신체 등급 3급
이상이며 군인사법을 바탕으로 임용자격을 가진 자에 한 한다.
　간호사관은 남성, 여성 모두 복무가 가능하며 4년제 대학교
간호학과를 졸업한 후에 지원가능하다. 전문사관의
의무복무기간은 모두 3년이며 전역하지 않고 군의사관이나
군법무관으로 남아 장기 복무하기도 한다.
　여성은 재정, 전산, 군악, 통역, 군의, 치의, 수의, 간호,
의정(약사, 병원행정사, 물리치료사), 5급 공채, 교수사관(육사,
3사)으로만 입대 가능하며 법무행정(군법무관), ADD박사,
간호사관학교 교수로는 입대할 수 없다.
　법무사관, 군의사관, 수의사관, 군종사관을 제외한
전문사관들은 특수사관으로 불리며 앞의 네 가지의
전문사관들과는 다른 훈련을 받는다.
　전문사관 중 특수사관은 가입교 1주와 군인화 5주, 신분화
2주로 가입교 주를 제외하고 총 7주의 교육이 진행되며 직무에
관련된 교육은 임관 후 병과 학교에서 6~12주간 진행된다.
이들은 대부분이 소위로 임관하여 중위로 전역한다. 재정사관은
공인회계사 자격증이 있을 경우 근무 경력에 따라 중위로

임관하여 대위로 전역할 수도 있다. ADD박사의 경우에는 대위로
임관하여 대위로 전역한다. 교수사관의 경우에는 장기 복무를
신청할 수 없다.

　군의사관과 치의사관은 가입교 0.5주와 군인화 5주, 신분화
1.5주로 가입교를 제외하면 총 6.5주의 교육이 진행된다. 직무
보수교육은 임관 후 국군의무학교에서 1.5주 간 추가로 진행된다.
레지던트 과정만을 수료하였을 경우에는 중위로 임관하여
중위로 전역하지만 전문의 과정을 수료한 경우에는 대위로
임관하여 대위로 전역하게 된다.

　법무사관은 가입교 0.5주와 군인화 5주, 신분화 4주로 교육이
이루어지며 가입교 주를 제외하고 총 9주의 교육을 진행하게
된다. 직무보수교육은 신분화 4주 중 2주에 이미 포함되어 있다.
이들은 중위로 임관하여 대위로 전역하게 된다.

　군종사관은 가입교 0.5주와 군인화 5주, 장교화 5주로
구성되며 가입교 주를 제외하고 총 10주의 교육을 진행하고
직무보수교육은 장교화 5주 중 2주에 포함되어 있다. 군종장교로
임용되는 사람은 중위로 임관하여 대위로 전역한다.

군장학생제도와 학군사관 후보생제도

　등록금을 지원받을 수 있는 군장학생제도는 3년의 의무복무기간이 있
다. 1학년부터 장학금을 받게 되면 학사장교 임관 후 7년의 의무복무기
관에 양성교육기간을 군인으로 보내야 한다. 학군단과는 달리 대학생활
에서 특별한 군사훈련 없이 학업에만 열중할 수 있다.
　군장학생 복무기간: 7년 (학사 장교 기본의무복무 3년 + 장학금 수혜
기간 4년)
　학군단의 경우 학군 장교의 2년 4개월과 장학금 수혜기간이 더해져서
의무복무기간이 6년 4개월로 달라진다.

〈전문사관의 종류와 주요 업무〉

종류	주요업무
재정사관	군대 내 회계, 경리를 담당하는 특수사관. 공인회계사(CPA) 자격증 소지자로 충당된다.
전산사관	전산 관련 전문 분야를 담당하는 특수사관. 컴퓨터공학 등 전산 분야의 학사 학위 이상 소지자들로 충당된다.
군악사관	군악대의 지휘, 교육을 담당하는 특수사관. 음악대학 학사 이상으로 충당된다.
통역사관	주로 영어를 전문으로 주한미군의 장군 및 기타 영어의 통역을 담당하는 특수사관.
교수사관	육군사관학교, 육군제3사관학교, 국군간호사관학교 사관생도들에게 국어, 영어, 스페인어, 경제학, 수학, 통계학, 전자공학, 화학, 토목공학, 컴퓨터공학(정보과학), 역사학, 정치학을 가르치게 된다.
간호사관	간호장교로서 군대 내부에서 간호사의 임무를 담당한다.
의정사관	약사, 물리치료, 병원행정 등, 군의관과 간호장교 이외 분야를 담당하는 특수사관.
군종사관	군부대 내의 교회나 성당, 법당등에서 목사나 신부 또는 스님등으로 임관하여 종교활동을 지도하는 특수사관.
국방과학연구소 (ADD) 박사사관	기계공학(제어), 전자공학(신호처리, 초고주파)
수의사관	군수의관으로 군견, 군마 등 군대에서 사용하는 가축을 치료한다.
군의사관, 치의사관	군의관으로 군대 내부에서 의사의 임무를 담당한다.
법무사관	군대에서 법률을 집행하거나 군사관련 법률 관련 분야의 행정직을 담당하는 특수사관, 주로 외국 변호사 자격증 소지자들로 충당된다.
변리사관	전문사관 13기부터 변리사관을 선발하며, 군사와 관련된 산업재산권에 대한 일을 한다.

단기 간부사관

단기 간부사관은 국군 장교 양성제도 중 하나로 능력이 있는 현역병과 부사관이 장교가 될 수 있도록 기회의 창구를 만들자는 취지에서 생겨난 과정이다. 학사학위가 없어도 지원이 가능하지만 일정 군 경력과 전문학사 이상의 학위가 요구된다. 국방 개혁일환으로 차후 육군학사사관으로 통합될 예정이다.

2년제 전문대학교 졸업 또는 4년제 대학교 2년 수료 이상의 학력을 가지고 있어야 하며 부사관은 하사 이상이면서 자대 근무가 6개월 이상 되어야 한다. 병사의 경우에는 상병이나 병장이어야 하며 예비역이 지원할 경우에는 현역으로 전역한 후 2년 이내여야 한다. 현역병 혹은 부사관으로 근무할 당시에 받은 근무 평점, 중대장의 추천서, 대학성적이 필요하다.

간부사관은 많은 병과를 모집하지 않으며 지원서 제출 시에 희망병과를 기입하게 되어있다. 전투병과 위주로 간부사관을 모집하며 지휘관의 추천서가 필수이다.

합격 후에는 육군학생군사학교에서 가입교를 포함하여 15주의 교육을 받고 소위로 임관하게 된다. 그 후, 병과 별 초군반 교육을 16주간 이수하고 나면 자대로 배치된다. 이 과정에서는 보병, 포병, 기갑, 공병, 정보통신만 선발한다. 여군이 지원하는 경우에는 포병과 기갑이 제외된 나머지 세 가지의 병과에서 선발된다.

1년에 1회 모집하며 의무복무기간은 임관 후 3년이다.

학력과 관계 없는 장교

4년제 졸업장이 필요 없는 장교로는 간부사관 뿐만 아니라 5급 고시 합격자, 군 법무관으로 임관이 가능한 변호사 자격증 보유자, 3년 제 전문학사학위와 물리치료사 면허증을 가진 특수사관이 있다.

부사관은 군대 내에서 장교와 병 사이에 있는 간부이다. 원래 하사관으로 불렀으나 2001년부터 부사관으로 명칭을 변경하였다. 부대 내에서 교육 훈련과 병사들의 내무생활을 지도하는 일을 맡으며 안전사고 예방과 각종 장비 및 보급품 관리가 잘 이루어지도록 하는 임무를 맡는다.

부사관을 지원하는 방법에는 현역 군인이 지원하는 방법, 민간인이 지원하는 방법 등 여러 가지가 있다.

또 전문하사 제도가 있는데, 이는 육군의 전투, 기술 숙련직에 전문 인력을 확보하기 위해 도입된 것이다. 군 의무복무 시기를 마친 후 다시 하사로 임관하여 일정 수준의 보수를 받으며 군에서 일정 기간 동안 계속 일하는 것이다. 기간은 보통

6개월~18개월까지로 본인 희망에 따라 복무 기간을 선택한다. 그렇기 때문에 장기복무는 불가능하며 단기복무를 원할 때 선택하게 된다.

특전 부사관은 일반 부사관과 달리 따로 신청하여야 한다. 특전 부사관은 민간인이나 현역 군인이 지원할 수 있는데 그 자격과 방법이 약간 씩 다르다.

그런데 민간 지원자들은 특전 부사관으로 선발되어 교육 과정을 밟는 도중에 부상을 당하여 훈련이 불가능하거나 자격이 미달되면 특전교육단에서 퇴교 당하거나 일반 부사관으로 신분 변경이 이루어지기도 한다.

전문대 부사관장학생제도 역시 부사관으로 일 할 수 있는 기회를 제공한다. 육군과 군장학생 협약이 체결되어 있는 전문대 재학생을 대상으로 하며 선발되면 2학기 분의 등록금을 지급하여 준다. 그 후 4년 동안 의무 복무를 하고 1년을 더 복무하는 제도이다.

국방부는 2014년부터 부사관학군단을 시범 운영하고 있다. 이는 전문대학생들을 대상으로 하며 기존의 학군단과 마찬가지로 대학생활을 하면서 군사 교육을 받는데 졸업 후 장교가 아닌 부사관으로 임관한다.

부사관 지원 방법

〈현역 군인의 경우〉

1. 복무 기간 : 4년

2. 지원 자격
- 군 인사법 제10조 제1항의 임용자격을 가진 사상이 건전하고 소행이 단정하며 체력이 강건한 자
- 연령 : 임관일 기준 만18세 이상 27세 이하인자
- 계급 : 일병 이상 지원 가능. 단 일병은 부사교 입교일 기준 군복무 5개월 이상 경과 자이어야 하며 병장은 전역일자가 부사교 입교일 이후인 자. 부사관은 하사로 2년 미만 복무 중인 자
- 상근 예비역 복무자로 육군에서 복무 중인 자
- 학력 : 고등학교 졸업 이상의 학력소지자/ 동등이상의 학력이 있는 자. 중학교 졸업자는 국가기술자격증 취득자에 한하여 지원 가능
- 신체등급 : 3급 이상자 및 신장/체중 신체 등위 2급 이상자 단, 신장/체중 등위 3급자도 지원 가능하며, 최종 선발 심의에서 합 · 불 여부를 판단한다.

3. 지원 불가자
- 군인사법 제10조 2항의 사유에 해당하는 자
- 대한민국의 국적을 가지지 아니한 사람 또는 대한민국 국적과 외국 국적을 함께 가지고 있는 사람
- 금치산자와 한정치산자
- 파산선고를 받은 자로서 복권되지 아니한 사람
- 금고이상의 형을 받고 그 집행이 종료되거나 집행을 받지 아니하기로 확정된 후 5년이 지나지 아니한 사람
- 금고이상의 형의 집행유예를 선고 받고 그 유예기간 중에 있거나 그 유예기간이 종료된 날부터 2년이 지나지 아니한

사람

- 자격정지이상의 형의 선고유예를 받고 그 유예기간 중에 있는 사람
- 탄핵이나 징계에 의하여 파면되거나 해임처분을 받은 날부터 5년이 지나지 아니한 사람
- 법률에 의하여 자격이 정지 또는 상실된 사람
- 육군규정 107 인력획득 및 임관규정 제3조에 해당하는 자
- 부사관 양성교육과정(육군훈련소, 부사관학교, 특수전교육단 등) 교육 중 퇴교한 사실이 있는 자.(단, 질병 / 성적저조, 개인 가사문제에 의해 퇴교한 자는 제외)

〈민간인의 경우〉

1. 복무 기간 : 4년

2. 지원 자격
- 사상이 건전하고 소행이 단정하며 체력이 강건한 자
- 연령 : 임관일 기준 만18세 이상 27세 이하인자 단, 예비역은 제대군인지원에 관한 법률시행령 제19조에 의거복무기간에 따라 1~3세 합산 연령 적용
- 학력 : 고등학교 졸업 이상의 학력 소지자 또는 동등이상의 학력이 있는 자. 중학교 졸업자는 국가기술자격증 취득자에 한하여 지원 가능
- 신체등급: 3급 이상자 및 신장/체중 신체등위 2급 이상인 자 단, 신장/체중 등위 3급자도 지원 가능, 최종선발 심의에서 합격 · 불합격 여부를 판단한다.

〈부사관 선발 요소〉

1. 1차 평가(60점) : 필기 평가 30, 직무수행 능력 30

2. 2차 평가(40점) : 체력평가 10, 면접평가 30

3. 신체 평가 : 합격/불합격 판정

4. 인성 평가, 신원조회 : 적합/부적합 판정

전문 하사제도

1. 복무 기간 : 의무복무기간은 최소 6개월 이상 최대 18개월 범위
내 복무 가능.(추가복무연장복무는 최대 18개월이 넘지 않는 범위
내에서 복무 가능)

2. 지원 자격
- 신체등급 : 3급 이상자 및 신장/체중 신체등위 2급 이상자
  단, 신장/체중 등위 3급자도 지원 가능하며, 최종선발
  심의에서 합·불 여부를 판단한다.
- 군 인사법 제10조 제1항의 임용자격을 가진 사상이
  건전하고 소행이 단정하며 체력이 강건한 자
- 현역병 복무자 중 전역 2~6개월 이전까지 전문하사를
  희망하는 자
- 연령 : 임관일 기준 만18세 이상 27세 이하인 자
- 학력 : 고등학교 졸업 이상의 학력소지자/ 동등이상의
  학력이 있는 자. 고졸 검정고시 응시자는 입교일 이전 합격증
  수령 시 선발. 최종 합격자라도 고졸학력 미취득시 합격
  취소. 수송 관련 특기는 운전면허소지자(2종 이상, 보통).
  의무는 전공 관련학과 재학 이상 또는 면허소지자에 한해
  지원 가능.

3. 전문하사 선발 배점
- 1차 평가(60점) : 직무수행능력 30, 중대장/행정보급관
  추천 30
- 2차 평가(40점) : 체력검정 10, 면접평가 30
- 신체검사 : 합/불합격
- 신원조회 : 합/불합격
- 인성검사 : 합/불합격

■ 의무 관련학과

간호과, 물리치료과, 방사선과, 응급구조과, 임상병리과, 작업치료과, 재활공학과(의용공학, 의료보장구), 재활학과(재활치료), 치기공과, 치위생과, 생명보건학부, 보건계열, 보건복지계열, 보건복지과, 보건위생과, 보건정보관리과, 보건행정계열, 보건행정과, 보건과학계열, 보건시스템과, 환경과학계열, 보건환경, 보건환경위생과, 안경광학과, 의무행정과, 환경관리과, 환경기술, 환경보건시스템과, 환경시스템과, 환경위생과, 환경행정과, 동물생명과학, 식품위생, 수의, 화학분석 등

■ 의무 관련 자격증

산업위생관리기사, 산업위생관리산업기사, 의공산업기사, 방사선사, 안경사, 임상병리사, 간호사, 간호조무사, 물리치료사, 응급구조사, 작업치료사, 정신보건임상심리사, 조산사, 의무기록사, 치과기공사, 치과위생사, 가축인공수정사

특전 부사관 지원

1. 복무 기간 : 4년

2. 지원 자격
- 군 인사법 제10조 제1항의 임용자격을 가진 사상이
  건전하고 소행이 단정하며 체력이 강건한 자 .
- 연령 : 임관일 기준 만18세 이상 27세 이하인자.
- 학력 : 고등학교 졸업 이상의 학력소지자/ 동등이상의
  학력이 있는 자.(검정고시 합격자 포함)
- 선발 신체검사
  - 남자 164cm, 46kg 이상, 여자 159cm, 50kg 이상
  - 양안 나안시력 0.6 이상.(라섹이나 라식 수술자, 안경이나 렌즈
  착용자 지원 가능)
  - 문신 및 자해로 인한 반흔이 있는 경우 불합격.
  - 색각 검사결과 색맹이나 색약인 경우에도 신체검사
  불합격.
- 신체등급
  - 국군병원에서 실시하는 신체검사 시 체격 종합 등위가 2급
  이상이어야 함.
  - 병무청 징병검사 시 하는 신체검사와 별도로 국군병원에서
  이루어짐.

부사관후보생 과정

부사관에 지원하여 시험에 합격하고 나면 부사관학교에서 훈련을 받은 후 하사로 임관하게 된다. 특전부사관의 경우에는 특전교육단의 교육과정을 거친 후 하사로 임관한다.

특전부사관으로 복무를 하다가 사고나 다른 문제가 발생되어 특전사 복무가 불가능해지면 일반하사로 변경이 될 수도 있다.

민간이나 군장학생으로 부사관에 합격한 사람은 기초군사훈련을 5주간 육군훈련소에서 받게 된다. 그 후 현역으로 지원한 부사관 후보생들과 함께 10주간의 신분화 과정을 거친다. 과정을 마치고 나면 민간, 현역, 예비역 신분으로 지원한 부사관들은 하사로 임관된다. 이후에 자대가 결정되면 병과 별로 초급반 교육을 거쳐 자대로 전입한다. 이로써 본격적인 부사관의 삶이 시작된다.

전문대학 부사관 학과

　부사관에 대한 직업적 이점이 높아지면서 안정된 직장을 가지고자 하는 사람들의 지원률이 높아지고 있다. 특히 부사관의 경우에는 2년제 대학을 졸업하고 지원할 수 있기 때문에 전문대학에서는 부사관 시험을 목표로 하는 학생들을 위한 부사관 학과를 개설하였다.

　전문대학 부사관학과에서는 전투부사관, 의무부사관, 전자통신기술부사관, 일반부사관 등 전문화된 커리큘럼을 가지고 학생들이 군에서 능률적으로 일할 수 있도록 교육하고 있다. 또 육군3사관과 같은 경우에는 2년제 대학교를 졸업하고 편입이 가능하기 때문에 부사관 학과에서 군에 관련된 공부를 하고 사관학교 시험을 치르는 학생들도 있다.

부사관학과 설치 전문대학

강동대학교, 강릉영동대학교, 계명문화대학교, 경남정보대학교, 경민대학교, 경북과학대학교, 경북도립대학교, 경북전문대학교, 구미대학교, 국제대학교, 김해대학교, 대구공업대학교, 대구보건대학교, 대덕대학교, 대원대학교, 대전과학기술대학교, 대전보건대학교, 동강대학교, 동부산대학교, 동원대학교, 동주대학교, 두원공과대학교, 마산대학교, 문경대학교, 서영대학교, 서해대학, 선린대학교, 수성대학교, 신성대학교, 안동과학대학교, 여주대학교, 연성대학교, 영남이공대학교, 영진전문대학, 오산대학교, 원광보건대학교, 장안대학교, 전남과학대학교, 전주기전대학, 전주비전대학교, 조선이공대학교, 제주관광대학교, 청암대학교, 충청대학교, 카톨릭상지대학교, 포항대학교, 한국관광대학교, 한국영상대학교

※ 위 내용은 각 대학 상황에 따라 달라질 수 있습니다.

〈전문대학 부사관 관련학과 교육과정〉

■ 전산정보행정 및 일반부사관반

영어회화, 국방체육, 정보통신개론, 실무영어, 전쟁사,
C/C++프로그램, 국방전술, 조직관리, 정보처리공학,
디지털영상편집, 비주얼프로그램, 전자회로, 운영체제, JAVA,
리더십, 위성 및 이동통신, 멀티미디어실습, 정보통신체계 등

■ 의무부사관반

영어회화, 국방체육, 상담심리, 기본간호학, 공중보건학,
응급환자관리, 군사행정사무, 병리학개론, 의학용어,
응급처치술, 응급의료법규, 모의인명구조, 디지털영상편집,
인체해부학, 인사군수실무, 응급처치 전산모의실습, 군사법,
인사군수실무 등

■ 국방전자통신반

영어회화, 전자통신기초, 정보통신개론, 실무영어, 전쟁사,
C/C++프로그램, 국방전술, 조직관리, 통신이론, CDMA,
안테나와 전파, 회로이론, 전자회로, 레이더공학,
전자회로실험, 리더십, 위성 및 이동통신, 정보통신체계,
센서공학 등

■ 특수전자기술반

영어회화, 전자통신기초, C프로그램, 국방전술, 통신이론,
CDMA, 안테나와 전파, 회로이론, 전자회로, 레이더공학,
논리회로설계, A/D 통신, 전자회로실험, 특수전자통신, 위성 및
이동통신, 센서공학 등

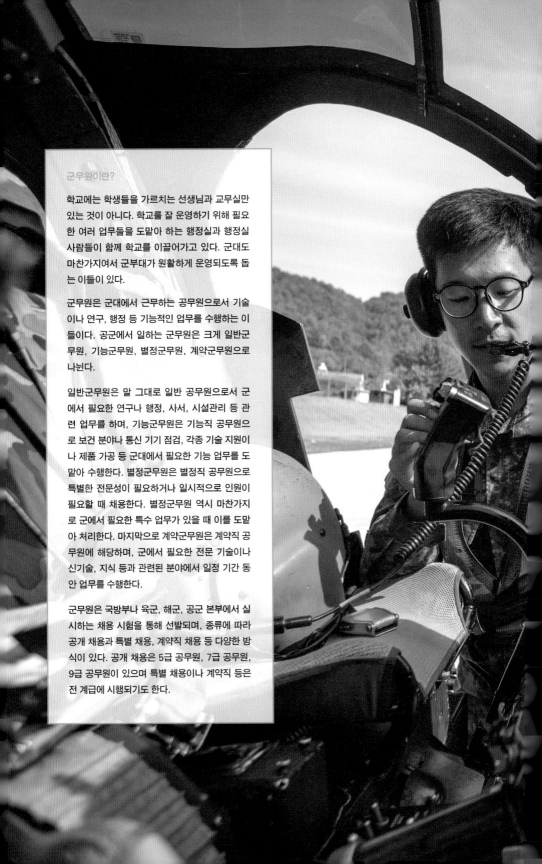

군무원이란?

학교에는 학생들을 가르치는 선생님과 교무실만 있는 것이 아니다. 학교를 잘 운영하기 위해 필요한 여러 업무들을 도맡아 하는 행정실과 행정실 사람들이 함께 학교를 이끌어가고 있다. 군대도 마찬가지여서 군부대가 원활하게 운영되도록 돕는 이들이 있다.

군무원은 군대에서 근무하는 공무원으로서 기술이나 연구, 행정 등 기능적인 업무를 수행하는 이들이다. 공군에서 일하는 군무원은 크게 일반군무원, 기능군무원, 별정군무원, 계약군무원으로 나뉜다.

일반군무원은 말 그대로 일반 공무원으로서 군에서 필요한 연구나 행정, 사서, 시설관리 등 관련 업무를 하며, 기능군무원은 기능직 공무원으로 보건 분야나 통신 기기 점검, 각종 기술 지원이나 제품 가공 등 군대에서 필요한 기능 업무를 도맡아 수행한다. 별정군무원은 별정직 공무원으로 특별한 전문성이 필요하거나 일시적으로 인원이 필요할 때 채용한다. 별정군무원 역시 마찬가지로 군에서 필요한 특수 업무가 있을 때 이를 도맡아 처리한다. 마지막으로 계약군무원은 계약직 공무원에 해당하며, 군에서 필요한 전문 기술이나 신기술, 지식 등과 관련된 분야에서 일정 기간 동안 업무를 수행한다.

군무원은 국방부나 육군, 해군, 공군 본부에서 실시하는 채용 시험을 통해 선발되며, 종류에 따라 공개 채용과 특별 채용, 계약직 채용 등 다양한 방식이 있다. 공개 채용은 5급 공무원, 7급 공무원, 9급 공무원이 있으며 특별 채용이나 계약직 등은 전 계급에 시행되기도 한다.

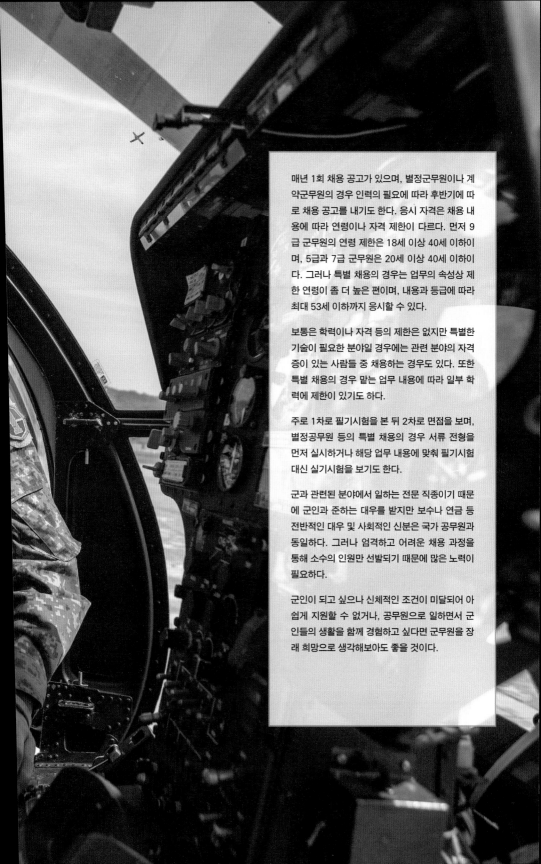

매년 1회 채용 공고가 있으며, 별정군무원이나 계약군무원의 경우 인력의 필요에 따라 후반기에 따로 채용 공고를 내기도 한다. 응시 자격은 채용 내용에 따라 연령이나 자격 제한이 다르다. 먼저 9급 군무원의 연령 제한은 18세 이상 40세 이하이며, 5급과 7급 군무원은 20세 이상 40세 이하이다. 그러나 특별 채용의 경우는 업무의 속성상 제한 연령이 좀 더 높은 편이며, 내용과 등급에 따라 최대 53세 이하까지 응시할 수 있다.

보통은 학력이나 자격 등의 제한은 없지만 특별한 기술이 필요한 분야일 경우에는 관련 분야의 자격증이 있는 사람들 중 채용하는 경우도 있다. 또한 특별 채용의 경우 맡는 업무 내용에 따라 일부 학력에 제한이 있기도 하다.

주로 1차로 필기시험을 본 뒤 2차로 면접을 보며, 별정공무원 등의 특별 채용의 경우 서류 전형을 먼저 실시하거나 해당 업무 내용에 맞춰 필기시험 대신 실기시험을 보기도 한다.

군과 관련된 분야에서 일하는 전문 직종이기 때문에 군인과 준하는 대우를 받지만 보수나 연금 등 전반적인 대우 및 사회적인 신분은 국가 공무원과 동일하다. 그러나 엄격하고 어려운 채용 과정을 통해 소수의 인원만 선발되기 때문에 많은 노력이 필요하다.

군인이 되고 싶으나 신체적인 조건이 미달되어 아쉽게 지원할 수 없거나, 공무원으로 일하면서 군인들의 생활을 함께 경험하고 싶다면 군무원을 장래 희망으로 생각해보아도 좋을 것이다.

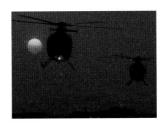

Part Four

Reference

군인사법

제1장 총칙

제1조(목적)

이 법은 군인의 책임 및 직무의 중요성과 신분 및 근무조건의 특수성을 고려하여 그 임용, 복무, 교육훈련, 사기 및 신분보장 등에 관하여 「국가공무원법」에 대한 특례를 규정함을 목적으로 한다.

제2조(적용 범위)

이 법은 다음 각 호의 사람에게 적용한다.

1. 현역에 복무하는 장교, 준사관(準士官), 부사관(副士官) 및 병(兵)

2. 사관생도(士官生徒), 사관후보생, 준사관후보생 및 부사관후보생

3. 소집되어 군에 복무하는 예비역 및 보충역

제2장 계급 및 병과(兵科)

제3조(계급)
① 장교는 다음 각 호와 같이 구분한다.
  1. 장성(將星): 원수(元帥), 대장, 중장, 소장 및 준장
  2. 영관(領官): 대령, 중령 및 소령
  3. 위관(尉官): 대위, 중위 및 소위
② 준사관은 준위(准尉)로 한다.
③ 부사관은 원사(元士), 상사, 중사 및 하사로 한다.
④ 병은 병장, 상등병, 일등병 및 이등병으로 한다.

제4조(서열)
① 군인의 서열은 제3조에 규정된 계급의 순위에 따른다.
② 제1항의 사항 외에 서열에 관하여 필요한 사항은 대통령령으로 정한다.

제5조(병과)
① 군인의 병과는 각 군별로 기본병과와 특수병과로 구분하되, 특수병과는 다음 각 호와 같이
구분한다.
  1. 육군
    가. 의무과(醫務科): 군의과, 치의과, 수의과(獸醫科), 의정과(醫政科) 및 간호과
    나. 법무과
    다. 군종과(軍宗科)
  2. 해군: 의무과, 법무과 및 군종과
  3. 공군: 의무과, 법무과 및 군종과
② 제1항에 따른 각 군별 기본병과의 종류는 대통령령으로 정한다.

제5조의2(전군)
① 국방부장관은 전시·사변 등의 국가비상시 또는 군 조직의 개편으로 군 간에 인력 조정이 필요할
때에는 해당 군인이 소속한 군을 변경[이하 "전군"(轉軍)이라 한다]하여 복무하게 할 수 있다.
② 제1항에 따라 전군되어 복무하는 사람은 전군되었다는 이유로 불리한 처우를 받지 아니한다.
③ 전군되어 복무하는 사람의 의무복무기간은 전군되기 전의 의무복무기간으로 한다. 다만,
전군되기 전의 의무복무기간이 전군된 후의 의무복무기간보다 긴 경우에는 전군된 후의
의무복무기간을 그의 의무복무기간으로 한다.

제3장 복무

제6조(복무의 구분)

① 장교는 장기복무와 단기복무로 구분하여 복무한다.

② 장기복무 장교는 다음 각 호의 어느 하나에 해당하는 사람으로 한다.

　1. 사관학교를 졸업한 사람

　2.「군법무관임용 등에 관한 법률」제3조제1호에 따른 군법무관과 같은 조 제2호 또는 제3호에 해당하는 사람으로서 장기복무를 지원하여 임용된 군법무관

　3. 단기복무 장교 중 장기복무 장교로 선발된 사람

　4. 해군의 장교 또는 공군의 장교로서 비행훈련과정을 수료하여 비행자격을 취득한 사람

③ 단기복무 장교는 다음 각 호의 어느 하나에 해당하는 사람으로 한다.

　1. 육군3사관학교나 국군간호사관학교를 졸업한 사람

　2. 사관후보생과정 출신 장교

　3.「병역법」제57조제2항에 따른 학생군사교육단 사관후보생과정 출신 장교

　3의2. 예비역 장교로서 전역 당시의 계급에 재임용된 중위 이상의 장교

　4. 제2항의 장기복무 장교에 속하지 아니하는 장교

④ 단기복무 장교로서 장기복무를 원하거나 복무기간을 연장하려는 사람은 대통령령으로 정하는 바에 따라 전형(銓衡)을 거쳐야 한다.

⑤ 부사관은 장기복무와 단기복무로 구분하여 복무한다.

⑥ 장기복무 부사관은 군 교육기관에서 고등학교 교육과정을 마친 사람과 지원에 의하여 전형에 합격한 사람으로 한다.

⑦ 단기복무 부사관은 다음 각 호의 어느 하나에 해당하는 사람으로 한다.

　1. 제6항에 따른 장기복무 부사관이 아닌 사람으로서 지원에 의하여 전형에 합격한 사람

　2. 제62조제1항에 따라 선발되어 군(軍) 가산복무 지원금(제7조제4항에 따라 의무복무기간에 가산하여 복무할 것을 조건으로 지급하는 지원금을 말한다. 이하 같다)을 받은 사람으로서 고등학교 이상의 교육과정을 마친 사람

　3.「병역법」제20조의2에 따라 유급지원병으로 선발되어 연장복무하는 사람

　4.「병역법」제57조제2항에 따른 학생군사교육단 부사관후보생과정 출신 부사관

　5. 사관학교, 육군3사관학교 또는 국군간호사관학교에서 1년 이상의 교육을 마치고 중퇴한 사람 또는 사관후보생과정을 중퇴한 사람으로서 지원에 의하여 전형을 거쳐 부사관으로 임용된 사람

　6. 예비역 부사관으로서 전역 당시의 계급에 재임용된 중사 이상의 부사관

⑧ 단기복무 부사관으로서 장기복무를 원하거나 복무기간을 연장하려는 사람은 대통령령으로 정하는 바에 따라 전형을 거쳐야 한다.

제7조(의무복무기간)

① 장교, 준사관 및 부사관(지원에 의하지 아니하고 임용된 하사는 제외한다)의 의무복무기간은 다음 각 호와 같다. 다만, 전시ㆍ사변 등의 국가비상시에는 예외로 한다.

　1. 장기복무 장교의 의무복무기간은 10년으로 한다. 다만, 장기복무 장교로 임용된 날부터 5년이 되는 해에 한 차례 전역(轉役)을 지원할 수 있다.

　2. 제1호에도 불구하고 해군의 장교 또는 공군의 장교로서 비행훈련과정을 수료하여 비행자격을 취득한 사람[회전익(回轉翼)항공기로 기종이 분류된 사람은 제외한다] 중 해군사관학교 또는 공군사관학교를 졸업한 사람의 의무복무기간은 15년, 그 외의 사람의 의무복무기간은 13년으로 한다. 다만, 장교로 임용된 날부터 5년이 되는 해에 한 차례 전역을 지원할 수 있다.

　3. 국방부장관은 인력 운영을 위하여 필요하다고 인정하는 경우에는 2년의 범위에서 제2호에 따른 의무복무기간을 단축할 수 있다.

　4. 단기복무 장교의 의무복무기간은 3년으로 한다. 다만, 육군3사관학교나 국군간호사관학교를 졸업한 사람은 6년으로 하고,「병역법」제57조제2항에 따른 학생군사교육단 사관후보생과정 출신 장교, 여군(女軍) 중 간호과 장교(국군간호사관학교를 졸업한 간호과 장교는 제외한다) 및 예비역 장교로서 전역 당시의 계급에 재임용된 중위 이상의 장교에 대하여는 국방부장관이 각 군의 인력 운영을 위하여 필요하다고 인정하는 경우 1년의 범위에서 그 복무기간을 단축할 수 있다.

　5. 준사관의 의무복무기간은 5년으로 한다. 다만, 대통령령으로 정하는 군의 필수 기술 분야에 종사하는 준사관(상사와 원사에서 준사관으로 임용된 사람은 제외한다)은 10년으로 하되, 임용된 날부터 7년이 되는 해에 한 차례 전역을 지원할 수 있다.

　6. 장기복무 부사관의 의무복무기간은 7년으로 한다. 다만, 대통령령으로 정하는 군의 필수 기술 분야에 종사하는 장기복무 부사관은 10년으로 하되, 장기복무 부사관으로 임용된 날부터 7년이 되는 해에 한 차례 전역을 지원할 수 있다.

　7. 단기복무 부사관의 의무복무기간은 4년으로 하되, 다음 각 목의 어느 하나에 해당하는 단기복무 부사관의 의무복무기간은 다음 각 목의 구분에 따른다.

　　가. 제6조제7항제3호의 단기복무 부사관:「병역법」제20조의2에 따른 연장복무기간

　　나. 삭제〈2016. 12. 20.〉

　　다. 제6조제7항제5호의 단기복무 부사관:「병역법」제18조 및 제19조에 따른 병의 복무기간

　　라. 제6조제7항제6호의 단기복무 부사관: 3년. 다만, 국방부장관은 인력 운영을 위하여 필요하다고 인정하는 경우에는 1년의 범위에서 그 복무기간을 단축할 수 있다.

② 군인으로서 위탁교육이나 그 밖의 교육을 받은 사람은 다음 각 호의 구분에 따른 기간을 의무복무기간에 가산(加算)하여 복무한다. 이 경우 가산하여 복무할 기간은 의무복무 연한(年限) 내에 교육을 마친 경우에는 그 의무복무 연한 만료일의 다음 날부터 계산하고, 의무복무 연한이 지난 후에 교육을 마친 경우에는 그 교육이 끝난 날의 다음 날부터 계산한다.

　1. 외국에서 6개월 이상 위탁교육을 받은 사람: 그 교육기간의 2배에 상당하는 기간

　2. 국내의 군 외의 교육기관에서 6개월 이상 위탁교육을 받은 사람: 그 교육기간에 상당하는 기간

3. 국내의 군 교육기관에서 학위과정의 교육을 6개월 이상 받은 사람: 그 교육기간에 상당하는 기간

4. 국내에서 주간 근무를 하면서 수업료를 지급받고 군 외의 교육기관에서 야간과정의 위탁교육을 받은 사람: 그 교육기간의 2분의 1에 상당하는 기간

③ 의무장교로서 기초의학과정이나 전문의학과정을 수습(修習)한 사람은 그 수습기간에 상당하는 기간을 의무복무기간에 가산하여 복무한다.

④ 제62조제1항에 따라 선발되어 군 가산복무 지원금을 받은 사람으로서 단기복무 장교로 임용된 사람은 군 가산복무 지원금을 받은 기간에 상당하는 기간을 의무복무기간에 가산하여 복무한다. 다만, 국방부장관은 제62조제1항에 따라 선발되어 군 가산복무 지원금을 받은 사람으로서 부사관으로 임용된 사람에게는 그 의무복무기간에 군 가산복무 지원금을 받은 기간 이내의 기간을 가산하여 복무하도록 할 수 있다.

⑤ 국방부장관은 특수장비를 운용하기 위하여 외국에서 위탁교육을 받은 사람에게는 다음 각 호의 구분에 따른 기간을 의무복무기간에 가산하여 복무하도록 할 수 있다. 이 경우 그 가산 방법은 제2항에 따른다.

1. 그 이수기간의 2배에 해당하는 기간이 3년 미만인 경우: 3년까지

2. 그 이수기간의 2배에 해당하는 기간이 3년을 넘는 경우: 그 교육기간의 2배에 해당하는 기간

제8조(현역정년)

① 현역에서 복무할 정년(停年)은 다음 각 호와 같다. 다만, 전시 · 사변 등의 국가비상시에는 예외로 한다.

1. 연령정년

원수: 종신(終身), 대장: 63세, 중장: 61세, 소장: 59세, 준장: 58세, 대령: 56세, 중령: 53세, 소령: 45세, 대위, 중위, 소위: 43세, 준위: 55세, 원사: 55세, 상사: 53세, 중사: 45세, 하사: 40세

2. 근속정년

대령: 35년, 중령: 32년, 소령: 24년, 대위, 중위, 소위: 15년, 준위: 32년

3. 계급정년

중장: 4년, 소장: 6년, 준장: 6년

② 제1항제1호에도 불구하고 사관학교 교수요원으로 근무 중인 장교와 국방대학교의 교수로서 「고등교육법」 제16조에 따른 자격이 있는 장교(이하 "교수등"이라 한다) 및 군의과 · 치의과 장교의 연령정년은 60세로 하며, 제1항제2호 및 제3호에 따른 근속정년 및 계급정년은 적용하지 아니한다. 다만, 교수등과 군의과 · 치의과 장교는 다음 각 호의 구분에 따른 계급과 연령에 재임용 심사를 거쳐야 하고, 그 심사 결과 재임용되지 아니한 장교에 대해서는 제1항에 따른 정년을 적용한다.

1. 교수등에 대한 재임용의 심사

가. 대령

1) 제1차 재임용 심사 대상 연령: 54세에서 55세 사이. 다만, 중령으로 근무 중 나목에 따라

제1차 재임용 심사를 거치고 대령으로 진급한 경우에는 대령으로서의 제1차 재임용 심사를 면제한다.

2) 제2차 재임용 심사 대상 연령: 57세에서 58세 사이

나. 중령

1) 제1차 재임용 심사 대상 연령: 51세에서 52세 사이

2) 제2차 재임용 심사 대상 연령: 56세에서 57세 사이

2. 군의과 · 치의과 장교에 대한 재임용의 심사

가. 대령: 54세에서 55세 사이. 다만, 중령으로 근무 중 나목에 따라 재임용 심사를 거치고 대령으로 진급한 사람은 제외한다.

나. 중령: 51세에서 52세 사이

③ 제1항제1호 및 제2호에도 불구하고 국방부장관은 군의 구조 개편, 직제 개편, 인력 조정 및 적체(積滯) 인력의 해소 등 육군, 해군 및 공군[이하 "각군"(各軍)이라 한다]의 인력을 관리하기 위하여 필요할 때에는 각군 참모총장(이하 "참모총장"이라 한다)의 제청을 받아 영관급(領官級) 장교의 정년을 2년 이내의 범위에서 각군별로 단축할 수 있다.

④ 제1항제3호에도 불구하고 대통령은 국방을 위하여 필요할 때에는 국방부장관의 제청으로 장성급(將星級) 장교의 계급정년을 1년 이내의 범위에서 각군별로 단축하거나 연장할 수 있다.

⑤ 제1항부터 제4항까지에서 규정한 사항 외에 현역정년의 계산 등에 필요한 사항과 제2항 단서의 교수등에 대한 재임용 심사 및 군의과 · 치의과 장교에 대한 재임용 심사를 위하여 필요한 사항은 대통령령으로 정한다.

제4장 보임(補任)

제9조(임용)

① 장교, 준사관 및 부사관은 학력과 자격에 기초를 두고 공개경쟁시험으로 임용한다. 다만, 공개경쟁시험 외에 능력의 실증(實證)에 기초를 둘 때에는 전형에 의하여 임용할 수 있다.

② 공개경쟁시험이나 전형은 직무 수행에 필요한 능력을 검정(檢定)하는 것을 목적으로 한다.

제10조(결격사유 등)

① 장교, 준사관 및 부사관은 사상이 건전하고 품행이 단정하며 체력이 강건한 사람 중에서 임용한다.

② 다음 각 호의 어느 하나에 해당하는 사람은 장교, 준사관 및 부사관으로 임용될 수 없다.

1. 대한민국의 국적을 가지지 아니한 사람

1의2. 대한민국 국적과 외국 국적을 함께 가지고 있는 사람

2. 피성년후견인 또는 피한정후견인

3. 파산선고를 받은 사람으로서 복권되지 아니한 사람

4. 금고 이상의 형을 선고받고 그 집행이 종료되거나 집행을 받지 아니하기로 확정된 후 5년이 지나지 아니한 사람

5. 금고 이상의 형의 집행유예를 선고받고 그 유예기간 중에 있거나 그 유예기간이 종료된 날부터 2년이 지나지 아니한 사람

6. 자격정지 이상의 형의 선고유예를 받고 그 유예기간 중에 있는 사람

7. 탄핵이나 징계에 의하여 파면되거나 해임처분을 받은 날부터 5년이 지나지 아니한 사람

8. 법원의 판결 또는 다른 법률에 따라 자격이 정지되거나 상실된 사람

③ 제2항의 결격사유에 해당하는데도 불구하고 임용되었던 장교, 준사관 및 부사관이 수행한 직무행위 및 군복무기간은 그 효력을 잃지 아니하며 이미 지급된 보수는 환수(還收)되지 아니한다.

제11조(장교의 임용)

① 장교는 다음 각 호의 어느 하나에 해당하는 사람 중에서 임용한다.

1. 사관학교나 육군3사관학교를 졸업한 사람

2. 국군간호사관학교를 졸업하고 간호사 국가시험에 합격한 사람

3. 사관후보생과정을 마친 사람

4. 「병역법」 제57조제2항에 따른 학생군사교육단 사관후보생과정을 마친 사람 중에서 선발된 사람

5. 전문 분야나 기술 분야에 대한 지식과 경험이 풍부하며 전형에 합격한 사람으로서 해당 분야의 정하여진 과정을 마친 사람

6. 전시에 탁월한 통솔력을 발휘한 준사관 및 부사관으로서 장성급 지휘관으로부터 현지임관(現地任官)의 추천을 받은 사람

7. 외국 장교양성학교의 모든 과정을 마친 사람

7의2. 중위 이상의 계급으로 전역한 날부터 3년을 넘지 아니한 사람 중에서 전형으로 선발된 사람

8. 그 밖에 법령에서 정하는 바에 따라 장교로서의 자격이 있다고 인정되는 사람

② 전시에는 다음 각 호의 어느 하나에 해당하는 사람을 장교로 임용할 수 있다.

1. 사관학교의 제4학년생

2. 육군3사관학교의 제2학년생

3. 국군간호사관학교의 제4학년생

4. 「병역법」 제57조제2항에 따른 학생군사교육단 사관후보생과정에 있는 대학·교육대학 및 사범대학의 제4학년생. 다만, 「병역법」 제83조제2항제5호에 따라 재학생 입영의 연기가 정지된 사람만 해당한다.

제12조(장교의 초임계급 등)

① 장교의 초임계급은 소위로 한다. 다만, 제11조제1항제7호의2에 따라 임용될 사람의 계급은 전역 당시의 계급으로 한다.

② 제11조제1항제1호 · 제2호 · 제5호 또는 제7호에 따라 임용될 사람으로서 다음 각 호의 어느 하나에 해당하는 사람과 같은 항 제8호에 해당하는 사람의 초임계급은 중위 이상으로 할 수 있다.

  1. 사법연수원 과정을 마치거나 법학전문대학원을 졸업하고 변호사시험에 합격한 후 법무과의 장교로 임용되는 사람

  2. 의사 · 치과의사 · 한의사 · 수의사 또는 약사 국가시험에 합격하여 의무장교로 임용되는 사람

  3. 학사 이상의 학위를 가진 목사, 신부, 승려, 그 밖에 이와 동등한 직무를 수행하는 사람으로서 군종장교로 임용되는 사람

  4. 다음 각 목의 어느 하나에 해당하는 사람으로서 총 교육기간이 5년 이상인 사람

    가. 사관학교, 육군3사관학교 또는 국군간호사관학교를 졸업한 사람으로서 그 재학기간 중에 외국 장교양성학교에서 위탁교육을 받은 사람

    나. 외국 장교양성학교의 모든 과정을 마친 사람으로서 그 재학기간 중에 사관학교, 육군3사관학교 또는 국군간호사관학교에서 위탁교육을 받은 사람

  4의2. 다음 각 목에 따른 공무원으로 임용된 사람. 이 경우 기본병과 중 대통령령으로 정하는 병과에 임용된 사람으로 한정한다.

    가. 국가기관에서 주관하는 5급 공무원 공개경쟁 채용시험에 합격하고 시보임용을 거친 후 공무원으로 임용된 사람

    나. 「외무공무원법」 제10조제1항 단서에 따라 5등급 외무공무원으로 임용된 사람

  5. 그 밖에 전문 분야나 기술 분야에 종사한 사람으로서 해당 전공 분야와 직접 관련이 있는 병과의 장교로 임용되는 사람

③ 제6조제2항제2호에 따라 장기복무를 지원하여 군법무관으로 임용되는 사람의 초임계급은 대위 이상으로 할 수 있다.

④ 제2항 및 제3항에 따라 임용되는 사람에 대하여는 제26조제1항에 따른 중위 또는 대위의 진급에 필요한 최저근속기간에 해당하는 기간을 군에 복무한 것으로 볼 수 있다. 다만, 해당 부문에 종사한 기간이 있는 사람으로서 그 종사기간이 중위 또는 대위의 진급에 필요한 최저근속기간에 해당하는 기간을 초과하는 경우에는 그 종사기간의 전부 또는 일부를 군에 복무한 것으로 볼 수 있다.

⑤ 제4항 단서에 따른 해당 부문에 종사한 기간 및 환산방법은 대통령령으로 정한다.

제13조(임용권자 및 임용권의 위임)

① 장교는 참모총장의 추천을 받아 국방부장관의 제청으로 대통령이 임용한다. 다만, 대령 이하의 장교는 대통령의 위임을 받아 국방부장관이 임용할 수 있으며 이 경우 국방부장관은 제11조제1항제6호 및 같은 조 제2항에 따른 장교의 임용을 참모총장으로 하여금 하게 할 수 있다.

② 준사관은 국방부장관이 임용한다. 다만, 국방부장관은 참모총장에게 임용권을 위임할 수 있다.

③ 부사관은 참모총장이 임용한다. 다만, 참모총장은 장성급 지휘관에게 임용권을 위임할 수 있다.

제14조(준사관 및 부사관의 임용)

준사관과 부사관의 임용에 관한 사항은 국방부령으로 정한다.

제16조(보직)

① 장교, 준사관 및 부사관의 보직(補職)은 그 직위에 필요한 계급, 병과 및 경력상의 자격을 갖춘 사람으로 한다.

② 전투를 주된 임무로 하는 여단급(旅團級) 이상 부대의 장은 대통령령으로 정하는 바에 따라 제1항에 따른 보직상의 자격을 갖춘 전투병과(戰鬪兵科) 출신 장교로 임명한다.

③ 특수병과에 임용된 장교는 기본병과에 속하는 직위에 보직되지 아니한다.

④ 보직에 관하여 이 법에 규정된 것을 제외하고는 대통령령으로 정한다.

제16조의2(장성급 장교의 보직 등)

① 장성급 장교는 정원에 따라 지정된 직위에 보직되어야 한다. 다만, 외국파견 부대의 직위 등 인력운영상 필요하다고 인정되어 대통령령으로 정하는 직위에 한하여 그 직위에 보직될 수 있다.

② 장성급 장교는 직위에서 해제되거나 보직기간이 종료된 후 같은 계급 이상의 다른 직위에 보직되지 아니하는 경우에는 현역에서 전역된다.

제17조(임기)

① 장교, 준사관 및 부사관은 임기가 끝나기 전에는 보직이 변경되거나 보직에서 해임되지 아니한다. 다만, 다음 각 호의 어느 하나에 해당하는 경우에는 그러하지 아니하다.

　1. 상위의 직위에 보직되는 경우

　2. 심신장애로 인하여 직무를 수행하지 못하게 되었을 경우

　3. 해당 직무를 수행할 능력이 없다고 인정되었을 경우

　4. 전투작전상 필요한 경우

② 장교, 준사관 및 부사관의 보직 해임에 관한 사항을 심의하기 위하여 보직해임 심의위원회를 둔다.

③ 제1항의 단서에 따라 장교, 준사관 및 부사관을 보직에서 해임할 때에는 보직해임 심의위원회의 의결을 거쳐야 한다. 다만, 대통령령으로 정하는 불가피한 사유가 있다고 인정하는 경우에는 보직에서 해임된 날부터 7일 이내에 보직해임 심의위원회의 의결을 거쳐야 한다.

④ 제2항에 따른 보직해임 심의위원회의 구성·운영·심의 등에 필요한 사항은 대통령령으로 정한다.

⑤ 군의 중요 부서의 장 및 전문인력 직위에 보직되는 사람의 임기에 관하여 이 법에 규정된 것을 제외하고는 대통령령으로 정한다.

제17조의2(원수 임명)

① 원수(元帥)는 국가에 뚜렷한 공적이 있는 대장 중에서 임명한다.

② 원수는 국방부장관의 추천과 국무회의의 심의를 거쳐 국회의 동의를 받아 대통령이 임명한다.

제18조(합동참모의장 임명)

① 합동참모의장(이하 "합참의장"이라 한다)은 참모총장을 역임한 사람이나 장성급 장교 중에서
국방부장관의 추천을 받아 국무회의의 심의를 거쳐 대통령이 임명한다. 이 경우 국회의
인사청문회를 거쳐야 한다.

② 합참의장은 재임기간 동안 군에서 복무하는 현역장교 중 최고의 서열을 가진다.

③ 합참의장의 임기는 2년으로 한다. 다만, 전시·사변 또는 국방상 필요할 때에는 1년 이내의
범위에서 그 임기를 연장할 수 있다.

④ 합참의장에 대하여는 임기 동안 제8조제1항제1호에 따른 연령정년을 적용하지 아니하며, 그
직위에서 해임 또는 면직되거나 그 임기가 끝났을 때에는 현역에서 전역된다.

제19조(참모총장 등의 임명)

① 참모총장은 해당 군의 장성급 장교 중에서 국방부장관의 추천을 받아 국무회의의 심의를 거쳐
대통령이 임명하며, 해병대사령관은 해병대 장성급 장교 중에서 해군참모총장의 추천을 받아
국방부장관의 제청으로 대통령이 임명한다.

② 참모총장은 재임기간 동안 해당 군에서 복무하는 현역장교 중 최고의 서열을 가지며,
해병대사령관은 재임기간 동안해병대에서 복무하는 현역장교 중 최고의 서열을 가진다.

③ 참모총장의 임기는 2년으로 하며, 해병대사령관의 임기는 2년으로 한다. 다만, 전시·사변시에는
한 차례 연임할 수 있다.

④ 참모총장은 그 직위에서 해임 또는 면직되거나 그 임기가 끝난 후 합참의장으로 전직(轉職)되지
아니하면 전역되며, 해병대사령관은 그 직위에서 해임 또는 면직되거나 그 임기가 끝난 후에도
진급하거나 다른 직위로 전직되지 아니하면 전역된다.

제20조(중요 부서의 장의 임명 등)

① 다음 각 호의 어느 하나에 해당하는 직위의 보직은 해당 군의 장성급 장교 중에서 참모총장이
추천심의위원회의 심의를 거쳐 국방부장관에게 추천하고, 국방부장관은 제청심의위원회의 심의를
거쳐 제청하며, 대통령이 임명한다.

　　1. 각군 참모차장

　　2. 전투를 주된 임무로 하는 부대의 장

　　3. 그 밖에 법령으로 정하는 중요 부서의 장

② 참모총장은 해당 군의 장성급 장교 중에서 합동참모본부의 장성급 장교의 보직과「국군조직법」
제9조제3항에 따른 작전부대 및 합동부대의 장(長)의 보직을 국방부장관에게 추천할 때에는 미리

합참의장과 협의하여야 한다.

③ 중장 이상으로서 제1항 각 호의 어느 하나에 해당하는 직위에 있는 사람은 그 직위에서 해임 또는 면직되거나 그 보임기간이 끝난 후 다른 직위로 전직되지 아니하면 현역에서 전역된다.

④ 제1항에 따른 추천심의위원회 및 제청심의위원회의 구성과 운영에 관한 사항은 대통령령으로 정한다.

제21조(병과장 임명)

① 병과장(兵科長)은 각군 해당 병과 출신 장교 중에서 참모총장이 임명한다.

② 병과장의 임기는 2년으로 한다. 다만, 전시·사변시에는 한 차례 연임할 수 있다.

③ 병과장은 그 직위에서 해임 또는 면직되거나 그 임기(제2항 단서에 따라 연임된 경우에는 그 연임된 임기를 포함한다)를 마쳤을 때에는 다시 그 직위에 임명되지 아니하며 유사한 계통의 직위로 전직되지 아니하면 전역된다. 다만, 유사 직위에 전직된 경우에는 전직 후 2년이 지났을 때에 전역된다.

④ 제1항에 따라 병과장으로 임명하는 병과의 종류는 대통령령으로 정한다.〈개정 2014. 3. 11.〉

⑤ 제1항부터 제4항까지의 규정에서 병과장이란 각군 해당 병과 출신 장교 중에서 병과의 장으로 임명된 사람을 말한다.

제6장 진급

제24조(진급)

장교 및 부사관으로서 제26조제1항에 따른 최저근속기간과 계급별 최저복무기간(이하 "진급 최저복무기간"이라 한다)의 복무를 각각 마치고 상위의 직책을 감당할 능력이 있다고 인정된 사람은 한 단계씩 진급시킨다. 다만, 제39조제4항에 따라 전역이 보류된 사람은 진급시키지 아니한다.

제24조의2(임기제 진급)

① 진급 최저복무기간의 복무를 마친 영관급 장교 이상인 사람은 인력 운영을 위하여 필요하거나 전문인력이 필요한 분야로서 대통령령으로 정하는 직위에 보임하기 위하여 필요한 경우에는 임기를 정하여 1계급 진급시킬 수 있다.

② 제1항에 따라 진급된 사람의 임기는 2년으로 하고, 그 임기가 끝나면 전역된다. 다만, 그 직위에 다시 보직되거나 유사한 계통의 직위로 전직된 경우에는 다시 보직되거나 전직된 때부터 2년의 범위에서 국방부장관이 정하는 기간이 지났을 때에 전역된다.

③ 제1항에 따른 진급과 제2항 단서에 따른 재보직(再補職) 및 전직은 제29조제1항에 따른 진급 예정 인원의 범위에서 한다.

제24조의3(근속진급)

① 부사관 중 하사로서 5년 이상, 중사로서 11년 이상 재직한 사람은 중사 및 상사로 각각 근속진급시킬 수 있다. 다만, 참모총장은 인력 운용의 여건을 고려하여 병과의 계급별로 1년의 범위에서 그 기간을 단축하거나 2년의 범위에서 연장할 수 있으며, 징계 중이거나 징계절차가 진행 중인 사람 등 대통령령으로 정하는 근무성적이 불량한 사람의 근속진급을 제한할 수 있다.

② 제1항에 따라 근속진급된 중사나 상사가 복무하는 기간 동안에는 그에 해당하는 계급의 정원이 따로 있는 것으로 보고 그 계급의 정원은 줄어든 것으로 본다.

제24조의4(명예진급)

① 복무 중에 특히 뚜렷한 공적이 있는 사람이 제53조의2제1항에 따라 명예전역하는 경우에는 명예진급시킬 수 있다.

② 제1항에 따라 명예진급된 사람의 연금, 명예전역수당 등 각종 급여는 명예진급 전의 계급에 따라 지급하고, 그 밖의 예우는 명예진급된 계급에 따라서 한다.

③ 명예진급의 요건이나 그 밖에 필요한 사항은 대통령령으로 정한다.

제25조(진급권자)

① 장교의 진급은 제29조에 따른 장교진급 선발위원회의 심의를 거쳐 참모총장의 추천을 받아 국방부장관의 제청으로 대통령이 행한다.

② 국방부장관은 제1항에 따라 제청을 하는 경우에는 제20조에 따른 제청심의위원회의 심의를 거쳐 대통령에게 제청한다.

③ 대장의 진급은 제1항에도 불구하고 국방부장관의 추천을 받아 국무회의의 심의를 거쳐야 한다.

④ 대령 이하의 장교의 진급은 제1항에도 불구하고 국방부장관이 행할 수 있다. 이 경우 전시 · 사변 등 국가비상시에는 전사자와 순직자의 진급을 참모총장으로 하여금 행하게 할 수 있다.

⑤ 부사관의 진급은 국방부령으로 정하는 절차에 따라 부사관진급 선발위원회의 심의를 거쳐 참모총장 또는 참모총장으로부터 위임을 받은 장성급 지휘관이 행한다.

제26조(진급 최저복무기간)

①진급에 필요한 최저복무기간은 다음과 같다. 다만, 군의과 · 치의과 및 법무과 장교의 경우에는 계급별 최저복무기간만 적용한다.

② 진급권자는 인력 운영을 위하여 필요할 때에는 제1항에도 불구하고 장성급 장교와 영관급 장교의 진급 최저복무기간을 1년 이내의 범위에서 단축하거나 2년 이내의 범위에서 연장할 수 있다.

③ 제12조제4항에 따라 군에 복무한 것으로 보는 기간은 진급 최저복무기간에 산입(算入)한다.

④ 제1항에도 불구하고 다음 각 호의 어느 하나에 해당하는 과정을 이수하던 중에 제11조제1항제7호에 해당하여 임용된 장교의 진급은 대통령령으로 정하는 바에 따라 국내 장교양성과정을 같은 기(期)에서 이수하였던 사람의 진급과 균형을 맞추어 할 수 있다.

1. 사관학교과정

2. 육군3사관학교과정

3. 사관후보생과정

4. 「병역법」제57조제2항에 따른 학생군사교육단 사관후보생과정

⑤ 진급권자는 예비역장교·준사관·부사관 및 사관학교 제4학년에 재학 중이던 사람이 하사로 임용된 경우에는 제1항에 따른 중사 진급에 필요한 최저복무기간을 2분의 1로 단축할 수 있다.

⑥ 제6조제3항제3호의2 또는 제7항제6호에 따라 재임용된 장교나 부사관이 재임용된 날부터 진급심사일까지 12개월 이상 복무한 경우에는 재임용 전후 해당 계급의 각 복무기간을 더하여 제1항에 따른 진급 최저복무기간에 산입한다.

제33조(장교의 임시계급 부여)

전시·사변, 국가비상시 또는 군의 증편(增編)으로 인하여 제26조에 따른 진급으로는 상위 계급의 궐원을 보충할 수 없을 때에는 그 상급 직위에 보직된 사람에게 1계급만 올려서 임시계급을 부여할 수 있다.

제34조(원계급으로의 복귀)

제33조에 따라 임시계급을 부여받은 사람이 하위 직위에 보직되거나 대통령령으로 정하는 사유에 해당하게 된 경우에는 당연히 원계급(原階級)으로 복귀한다.

제7장 전역 및 제적

제35조(본인의 의사에 따른 전역)

① 제7조에 따른 의무복무기간을 마친 장기복무자는 전역을 원하면 현역에서 전역할 수 있다. 다만, 전시·사변 등의 국가비상시에는 예외로 한다.

② 30년 이상 현역에 복무한 사람은 제1항 단서에도 불구하고 전역을 원하면 전역할 수 있다.

③ 예비역의 장교·준사관 또는 부사관으로서 소집되어 군에 복무 중인 사람은 본인이 지원하면 국방부령으로 정하는 바에 따라 현역에 편입할 수 있다.

제36조(정년 전역 등)

① 제8조에 따른 현역정년에 도달한 사람은 정년이 되는 달의 다음 달 말일에 당연히 전역된다. 다만, 제8조제2항 단서에 따른 재임용 심사의 결과 재임용되지 아니한 장교로서 제8조제1항에 따른 정년을 초과한 교수등의 경우에는 그 재임용하지 아니하는 처분의 통지를 받은 날부터 3개월이 되는 날이 속한 달의 말일에 당연히 전역된다.

② 제7조에 따른 의무복무기간을 마친 단기복무 장교 및 단기복무 부사관은 제6조제4항·제8항에 따른 전형에 합격하지 못한 경우에는 복무기간의 만료일에 전역되고, 복무기간이 연장(재연장을

포함한다)된 경우에는 연장된 복무기간의 만료일에 전역된다. 다만, 전시·사변 등의
국가비상시에는 예외로 한다.

제37조(본인의 의사에 따르지 아니한 전역 및 제적)
① 다음 각 호의 어느 하나에 해당하는 사람은 각군 전역심사위원회의 심의를 거쳐 현역에서
전역시킬 수 있다.
　1. 심신장애로 인하여 현역으로 복무하는 것이 적합하지 아니한 사람
　2. 제32조에 따라 같은 계급에서 두 번 진급 낙천된 장교. 다만, 소위의 경우에는 한 번 진급
　낙천된 사람
　3. 병력(兵力)을 줄이거나 복원(復員)할 때에 병력을 조정하기 위하여 전역시킬 필요가 있다고
　인정된 사람
　4. 그 밖에 대통령령으로 정하는 사유에 해당하여 현역 복무에 적합하지 아니한 사람
② 제1항제1호에 해당하는 사람으로서 전상(戰傷)·공상(公傷)에 의하지 아니한 사람은
제적(除籍)시킬 수 있다.
③ 전투 또는 작전 관련 훈련 중 다른 군인에게 본보기가 될만한 행위로 인하여 신체장애인이 된
사람은 제1항제1호에도 불구하고 전역심사위원회의 심의를 거쳐 현역으로 계속 복무하게 할 수
있다.

제38조(전역심사위원회)
① 제37조 및 제39조에 해당하는 사람을 심사하게 하기 위하여 각군 본부, 해병대사령부나 임용권이
위임된 부대에 전역심사위원회를 설치한다.
② 전역심사위원회의 위원은 심사 대상자보다 선임인 장교와 준사관 및 부사관 중에서 제1항의
설치권자가 임명한다.
③ 전역심사위원회의 구성과 운영 등에 필요한 사항은 대통령령으로 정한다.

제39조(전역 보류)
① 제8조제1항에 규정된 현역정년에 도달한 영관급 장교로서 다음 각 호의 어느 하나에 해당하는
사람에 대하여는 제36조에도 불구하고 전역심사위원회의 심사를 거쳐 3년의 범위에서 전역을
보류할 수 있다.
　1. 박사학위 소지자
　2. 정밀장비 기술자
　3. 대통령령으로 정하는 외국어에 능통한 사람
　4. 정책 관리, 전산, 연구개발, 특수정보 분야 등의 전문지식 및 특수기술을 가진 사람으로서
　대통령령으로 정하는 특수전문요원 및 기술·기능전문요원
② 제8조제1항제2호에 규정된 근속정년에 도달한 대위로서 대통령령으로 정하는 기술직이나

전문직에 보직된 사람에 대하여는 제36조에도 불구하고 전역심사위원회의 심사를 거쳐 연령정년에 도달할 때까지는 매 3년을 단위로 전역을 보류할 수 있고, 연령정년 이후에는 3년의 범위에서 1년을 단위로 전역을 보류할 수 있다.

③ 제8조제1항제1호 및 제2호에 규정된 연령정년 또는 근속정년에 도달한 준사관이나 부사관으로서 대통령령으로 정하는 군의 필수 기술 분야에 종사하는 사람에 대하여는 제36조에도 불구하고 전역심사위원회의 심사를 거쳐 3년의 범위에서 전역을 보류할 수 있다.

④ 이 법에 따라 전역할 사람으로서 2년 이내에 퇴역연금을 받을 수 있는 사람에 대하여는 제36조에도 불구하고 전역심사위원회의 심사를 거쳐 퇴역연금을 받을 수 있는 날까지 전역을 보류할 수 있다.

⑤ 제7조제2항 및 제5항에 따른 가산복무 대상자가 정년에 도달한 경우에는 전역심사위원회의 심사를 거쳐 남은 가산복무기간의 범위에서 전역을 보류할 수 있다.

⑥ 포로에 대하여는 제8조에도 불구하고 제40조제1항제6호에 따라 제적될 때까지는 전역을 보류할 수 있다.

⑦ 제6조제3항 또는 제7항에 해당하는 사람이 중요한 작전이나 훈련ㆍ연습 등의 수행으로 인하여 본인이 전역 보류를 신청하는 경우에는 제36조에도 불구하고 전역심사위원회의 심사를 거쳐 3개월의 범위에서 전역을 보류할 수 있다. 다만, 전역 보류 사유가 없어지면 즉시 전역 보류 조치를 해제하여야 한다.

제41조(퇴역)
다음 각 호의 어느 하나에 해당하는 장교, 준사관 및 부사관은 퇴역된다. 다만, 제4호에 해당하는 여군이 퇴역을 원하지 아니하는 경우에는 예비역에 지원할 수 있다.

1. 20년 이상 현역에 복무하고 퇴역을 원하는 사람

2. 연령정년에 도달한 사람

3. 전상ㆍ공상으로 인하여 군에 복무할 수 없는 사람

4. 여군으로서 현역을 마친 사람

제42조(예비역 편입)
현역에서 전역되는 사람으로서 퇴역되지 아니하는 사람은 예비역에 편입한다.

제43조(전역 및 제적의 권한)
① 장교, 준사관 및 부사관의 전역이나 제적은 임용권자가 명한다. 다만, 대령 이하의 장교에 대하여는 임용권자의 위임을 받아 국방부장관이 명할 수 있다.

② 국방부장관은 제1항 단서의 경우 전시ㆍ사변 등의 국가비상시에는 제40조에 따른 제적만을 참모총장으로 하여금 명하게 할 수 있다.

제8장 권리 및 의무

제44조(신분보장)

① 군인은 법률에서 정하는 바에 따라 신분이 보장되며, 그 계급에 걸맞은 예우를 받는다.

② 군인은 이 법에 따른 경우 외에는 그 의사(意思)에 반(反)하여 휴직되거나 현역에서 전역되거나 제적되지 아니한다.

제46조의2(전직지원교육)

군인으로서 복무한 후 전역하는 사람에 대하여는 취업을 지원하기 위하여 대통령령으로 정하는 바에 따라 전직지원교육(轉職支援敎育)을 할 수 있다.

제47조의3(복제 및 예식)

① 군인은 제복을 입어야 한다. 다만, 근무의 특수성으로 인하여 국방부장관이 허가하는 경우에는 그러하지 아니하다.

② 군인은 국가에 충성하고 굳게 단결하며 엄정한 군기(軍紀)를 유지하기 위하여 군예식(軍禮式)을 거행한다.

③ 제1항 및 제2항에 따른 군인의 복제(服制) 및 예식에 관하여 필요한 사항은 대통령령으로 정한다.

제48조(휴직)

① 장교, 준사관 및 부사관이 다음 각 호의 어느 하나에 해당하면 임용권자는 휴직을 명하여야 한다.

　1. 전상·공상을 제외한 심신장애로 인하여 6개월 이상 근무하지 못하게 되었을 때

　2. 행방불명되었을 때

　3. 불임·난임으로 장기간의 치료가 필요하여 휴직을 신청한 때

　4. 「성폭력방지 및 피해자보호 등에 관한 법률」 제2조제3호에 따른 성폭력피해자로서 치료가 필요하여 휴직을 신청한 때

② 장교, 준사관 및 부사관이 사형, 무기 또는 장기 2년 이상의 징역이나 금고에 해당하는 사건으로 기소되거나[약식명령(略式命令)이 청구된 경우는 제외한다] 제1심에서 금고 이상의 형을 선고 받은 때에는 임용권자가 직권으로 또는 해당 장교, 준사관 및 부사관의 요청에 따라 휴직을 명할 수 있다.

③ 임용권자는 장기복무 장교, 준사관 및 장기복무 부사관이 다음 각 호의 어느 하나에 해당하는 사유로 휴직을 원하는 경우와 단기복무 중인 여군이 제4호의 사유로 휴직을 원하는 경우에는 업무수행 및 인력 운영에 지장을 주지 아니하는 범위에서 휴직을 명할 수 있다. 다만, 제4호에 해당하는 사유로 휴직을 신청한 경우에는 대통령령으로 정하는 특별한 사정이 없으면 휴직을 명하여야 한다.

　1. 국제기구나 외국기관에 임시로 채용된 경우

　2. 자기 비용으로 해외유학을 하게 된 경우

　3. 참모총장이 지정하는 연구기관이나 교육기관 등에서 자기 비용으로 연수하게 된 경우

4. 만 8세 이하 또는 초등학교 2학년 이하의 자녀를 양육하거나 여군이 임신 또는 출산하게 되어 필요한 경우

5. 사고나 질병 등으로 장기간의 요양이 필요한 조부모, 부모(배우자의 부모를 포함한다), 배우자, 자녀 또는 손자녀를 간호하기 위하여 필요한 경우. 다만, 조부모 또는 손자녀의 간호를 위하여 휴직할 수 있는 경우는 본인 외에는 간호할 수 있는 사람이 없는 등 대통령령으로 정하는 요건을 갖춘 경우로 한정한다.

④ 제1항과 제2항에 따라 휴직된 사람에게는 휴직기간 동안 다음 각 호의 구분에 따라 봉급을 지급하고, 제3항에 따라 휴직한 사람에게는 휴직기간 동안 봉급을 지급하지 아니한다. 다만, 제2항에 해당되어 휴직된 사람이 무죄를 선고받은 경우에는 봉급의 차액(差額)을 소급하여 지급한다.

1. 제1항제1호, 제3호 및 제4호에 따라 휴직된 사람

가. 휴직기간이 1년 이하인 사람: 봉급의 100분의 70

나. 휴직기간이 1년 초과 2년 이하인 사람: 봉급의 100분의 50

2. 제1항제2호(공무수행 중 행방불명되어 휴직된 사람으로 한정한다) 및 제2항에 따라 휴직된 사람: 봉급의 100분의 50

⑤ 제2항에 따라 휴직된 사람이 무죄를 선고받은 경우에는 휴직을 이유로 진급, 보직 등에서 이 법 적용 시 불리한 처우를 받지 아니한다.

⑥ 임용권자는 제3항제4호에 따른 휴직을 이유로 인사상 불리한 처우를 하여서는 아니 된다.

⑦ 군인이 제3항제4호에 따라 6개월 이상 휴직한 경우에는 휴직일부터 해당 휴직자의 계급에 해당하는 정원이 따로 있는 것으로 보고 결원을 보충할 수 있다. 다만, 대통령령으로 정하는 경우에는 3개월 이상 휴직하는 경우에도 결원을 보충할 수 있다.

⑧ 제7항에 따른 정원은 휴직자가 복직한 후 해당 계급에 최초로 결원이 발생한 때에 소멸된 것으로 본다.

제49조(휴직기간)

① 제48조제1항제1호, 제3호 및 제4호에 따른 휴직기간은 1년으로 하되, 부득이한 경우 1년의 범위에서 연장할 수 있다. 이 경우 제48조제1항제1호에 따라 휴직된 사람이 휴직기간이 끝날 때까지 복직되지 아니하면 전역된다.

② 제48조제2항에 따른 휴직기간은 해당 사건의 계속기간(繫屬期間)으로 한다. 다만, 해당 사건이 계속 중임에도 불구하고 무죄판결, 공소기각 결정·판결 또는 그 밖의 사유로 임용권자로부터 복직명령을 받은 경우 그 휴직기간은 복직일의 전날까지로 한다.

③ 제48조제3항 각 호에 따른 휴직기간은 다음 각 호와 같이 한다.

1. 제48조제3항제1호: 채용기간

2. 제48조제3항제2호 및 제3호: 2년 이내

3. 제48조제3항제4호: 자녀 1명당 3년 이내

4. 제48조제3항제5호: 1년 이내

④ 제48조제3항에 따른 휴직기간은 제7조에 따른 의무복무기간과 진급 최저복무기간에 산입하지

아니한다. 다만, 제48조제3항제1호 및 제4호(자녀 1명에 대한 휴직기간이 1년을 넘는 경우에는 최초의 1년으로 하되, 둘째 자녀부터는 총 휴직기간이 1년을 넘는 경우에도 그 휴직기간 전부로 한다)에 따른 기간은 진급 최저복무기간에 산입한다.

제50조(위법 · 부당한 전역 및 제적 등에 대한 소청)
군인은 위법 · 부당한 전역, 제적 및 휴직 등 그 의사에 반한 불리한 처분(징계처분 및 징계부가금 부과처분은 제외한다)에 불복하는 경우에는 그 처분이 있음을 안 날부터 30일 이내에 이에 대한 심사를 소청(訴請)할 수 있다.

제51조(인사소청심사위원회)
① 제50조에 따른 소청을 심사하기 위하여 다음 각 호의 구분에 따라 중앙 군인사소청심사위원회와 군인사소청심사위원회를 둔다.
　　1. 장교, 준사관의 소청 심사: 국방부에 두는 중앙 군인사소청심사위원회
　　2. 부사관의 소청 심사: 각군 본부에 두는 군인사소청심사위원회
　　3. 병의 소청 심사: 장성급 장교 지휘 부대에 두는 군인사소청심사위원회
② 중앙 군인사소청심사위원회 및 군인사소청심사위원회(이하 "소청심사위원회"라 한다)는 다음 각 호의 어느 하나에 해당하는 사람으로서 군사행정에 관한 식견이 풍부한 5명 이상 9명 이하의 위원으로 구성한다. 이 경우 군인사소청심사위원회 위원 중 1명 이상은 부사관으로 한다.
　　1. 법관, 검사 또는 변호사로 5년 이상 근무한 사람
　　2. 영관급 이상의 군인. 다만, 군인사소청심사위원회는 부사관 이상의 군인으로 한다.
　　3. 군법무관으로 5년 이상 근무한 사람
　　4. 군사행정과 관련된 분야에서 4급 이상 공무원으로 근무한 사람
③ 소청심사위원회의 구성, 운영, 심사, 판정 방법 및 소청제기 절차 등에 필요한 사항은 대통령령으로 정한다.

제51조의2(행정소송과의 관계)
전역 또는 제적과 징계 및 휴직, 그 밖에 본인의 의사에 반한 불리한 처분에 관한 행정소송은 소청심사위원회나 제60조의2에 따른 항고심사위원회의 심사 · 결정을 거치지 아니하면 제기할 수 없다.

제9장 보수

제52조(보수)
군인의 보수는 계급과 복무연한에 걸맞도록 법률로 정한다.

제53조(실비변상)

군인은 보수를 받는 것 외에 법령에서 정하는 바에 따라 직무 수행에 드는 실비(實費)에 대한 변상을 받는다.

제53조의2(명예전역)

① 군인으로서 20년 이상 근속한 사람이 정년 전에 스스로 명예롭게 전역하는 경우에는 예산의 범위에서 명예전역수당을 지급할 수 있다.

② 제19조제4항에 따라 전역되는 해병대사령관, 제21조제3항 또는 제24조의2제2항에 따라 전역되는 사람으로서 현역정년의 남은 기간이 1년 이상인 사람에 대하여는 제1항을 준용한다.

③ 제8조제3항 또는 제4항에 따라 같은 조 제1항에 따른 정년보다 단축된 정년으로 명예전역하는 군인의 명예전역수당에 관하여는 같은 항에 따른 정년을 적용하여 지급 대상과 지급액을 정한다.

④ 제1항부터 제3항까지의 규정에 따라 명예전역수당을 지급한 기관의 장은 명예전역수당을 지급받은 사람이 다음 각 호의 어느 하나에 해당하면 명예전역수당을 환수하여야 한다. 다만, 제2호에 해당하는 경우로서 국가공무원으로 재임용된 경우에는 재임용한 국가기관의 장이 환수하여야 한다.

　　1. 현역 복무 중의 사유로 금고 이상의 형을 받은 경우　　▸

　　1의2. 현역 복무 중에 「형법」 제129조부터 제132조까지에 규정된 죄를 범하여 금고 이상의 형의 선고유예를 받은 경우

　　1의3. 현역 복무 중에 직무와 관련하여 「형법」 제355조 또는 제356조에 규정된 죄를 범하여 300만원 이상의 벌금형을 선고받고 그 형이 확정되거나 금고 이상의 형의 선고유예를 받은 경우

　　2. 경력직공무원이나 그 밖에 국회규칙, 대법원규칙, 헌법재판소규칙, 중앙선거관리위원회규칙 또는 대통령령으로 정하는 공무원으로 재임용되는 경우

　　3. 명예전역수당을 초과하여 지급받거나 지급 대상이 아닌 사람이 지급받은 경우

⑤ 제4항에 따른 환수금을 내야 할 사람이 납부기한까지 내지 아니하면 국세 체납처분의 예에 따라 환수금을 징수할 수 있다.

⑥ 제1항부터 제3항까지의 규정에 따른 명예전역수당의 지급 대상 범위, 지급액, 지급 절차에 필요한 사항은 대통령령으로 정하고, 제4항 및 제5항에 따른 명예전역수당의 환수액, 환수 절차 등에 필요한 사항은 국회규칙, 대법원규칙, 헌법재판소규칙, 중앙선거관리위원회규칙 또는 대통령령으로 정한다.

제54조(보상)

군인이 다음 각 호의 어느 하나에 해당하게 되면 법률에서 정하는 바에 따라 본인이나 그 유족은 그에 대한 상당한 보상을 받는다.

1. 전사 또는 전상

2. 공무(公務)로 인한 질병·부상 또는 사망

제54조의2(전사자등의 구분)

① 군인이 사망하거나 상이를 입게 되면 다음 각 호의 기준에 따라
전사자 · 순직자 · 일반사망자 · 전상자 · 공상자 및 비전공상자(이하 "전사자등"이라 한다)로
구분한다.

  1. 전사자

  가. 적과의 교전(交戰) 또는 적의 행위로 인하여 사망한 사람

  나. 무장폭동, 반란 또는 그 밖의 치안교란을 방지하기 위한 행위로 인하여 사망한 사람

  2. 순직자

    가. 순직 I 형: 타의 귀감이 되는 고도의 위험을 무릅쓴 직무 수행 중 사망한 사람

    나. 순직 II 형: 국가의 수호 · 안전보장 또는 국민의 생명 · 재산 보호와 직접적인 관련이 있는
    직무수행이나 교육훈련 중 사망한 사람(질병 포함)

    다. 순직 III 형: 국가의 수호 · 안전보장 또는 국민의 생명 · 재산 보호와 직접적인 관련이 없는
    직무수행이나 교육훈련 중 사망한 사람(질병 포함)

  3. 일반사망자

  제1호 또는 제2호에 해당하지 아니한 행위로 인하여 사망한 사람

  4. 전상자

  적과의 교전이나 무장폭동 또는 반란을 진압하기 위한 행위로 인하여 상이를 입은 사람

  5. 공상자

  교육 · 훈련 또는 그 밖의 공무로 인하여 상이를 입은 사람

  6. 비전공상자

  제4호 또는 제5호에 해당하지 아니한 행위로 인하여 상이를 입은 사람

② 제1항에 따른 전사자등의 구체적인 구분 기준 · 방법 등에 필요한 사항은 대통령령으로 정한다.

제55조(연금)
장교, 준사관 및 부사관으로서 상당한 기간 성실히 근무하고 전역되었거나 제54조 각 호에 해당하는
사유로 전역되거나 제적되었을 때에는 법률에서 정하는 바에 따라 본인이나 그 유족에게 연금을
지급한다.

행복한 직업 찾기
나의 직업 군인(육군)

초판 1쇄 인쇄 2014년 5월 8일
개정판 1쇄 인쇄 2020년 9월 15일
개정2판 1쇄 인쇄 2021년 10월 15일

개정2판 1쇄 발행 2021년 10월 20일
개정2판 2쇄 발행 2022년 11월 20일

글 | 꿈디자인LAB
펴 낸 곳 | 동천출판
사   진 | 대한민국 육군(육군본부), 대한민국 국군 flickr,
             Pixabay, shutterstock,

등   록 | 2013년 4월 9일 제319-2013-25호
주   소 | 서울특별시 서초구 효령로 60길 15(서초동, 202호)
전화번호 | (02) 588 - 8485
팩   스 | (02) 583 - 8480
전자우편 | dongcheon35@naver.com

값 18,000원
ISBN   979-11-85488-63-9 (44370)
          979-11-85488-05-9 (세트)

*잘못 만들어진 책은 구입하신 서점에서 바꿔 드립니다.

Copyright © Dongcheon Books All Rights Reserved.